Willst du immer weiterschweifen?
Sieh, das Gute liegt so nah.
Lerne nur das Glück ergreifen,
denn das Glück ist immer da.

JOHANN WOLFGANG VON GOETHE

ISBN 978-3-649-66748-3

Hafenweg 30, 48155 Münster, Germany

Grafische Gestaltung: Beate Kahramanlar

Redaktion: Judith Ley

Illustrationen: Anne Mußenbrock

Bildnachweis: S. 4 picture alliance / Klaus Rose; S. 6 picture alliance / Bildagentur-online; S. 51 suze / photocase.de; S. 64 David Hollstein / photocase.de; S. 83 aremac / photocase.de; alle Übrigen: shutterstock.com

Printed in Italy

www.coppenrath.de

Geschichten vom Glück

Herausgegeben von
Johanna van Blume

COPPENRATH

Inhalt

Glücklich im Grünen

Wer die Kostbarkeit des Augenblicks entdeckt,
findet das Glück des Alltags.

ADALBERT STIFTER

ELIZABETH VON ARNIM

Elizabeth auf Rügen

Die Schatten waren lang geworden, und hinter Göhren kann man nur in Thiessow bleiben, dem südlichsten Punkt dieses Teils der Insel. So fuhren wir an den beiden Baabe-Hotels vorbei, kleinen, an der Straße erbauten Holzhäusern unmittelbar an der Eisenbahnlinie. Ein Zug wurde erwartet; wartende Reisende saßen vor den Hotels und tranken Bier. Mehrere Transportfahrzeuge hielten auf ihrer Fahrt nach Göhren oder Sellin, und die *Einsame* kam mir sehr geräuschvoll und unruhig vor, als wir über die Pflastersteine ratterten. Ich war froh, als wir bei einem Wegweiser nach Göhren abbogen und auf sandige und stille Waldwege gelangten. Wir mußten wegen des tiefen Sandes im Schritt fahren. Diese sandigen Wege haben aber den Vorteil, daß man außer dem gedämpften Geräusch der Räder und Hufe noch anderes hören kann. Erst als wir nach Göhren kamen, erblickten wir wieder die See, doch ich hatte die Wellen im auffrischenden Wind seit langem gehört. Man fühlte den Wind kaum, aber ich sah, wie sich die Wipfel der Kiefern ächzend bogen. Wir sind sicher eine Stunde lang zwischen Kiefern gefahren, dann gelangten wir in Mischwald – Buchen und Fichten und Eichen mit Unterwuchs von Preiselbeeren. Dann sah man Touristen unter den Bäumen, die Körbe trugen und Beeren sammelten, also konnte Göhren nicht mehr fern sein. Ganz plötzlich stießen wir auf die Bahnstation, ein kleines Gebäude einsam im Walde, die Endstation der Linie, die in anderer Richtung nach Putbus führt. Auf der einen Seite der Geleise lagen weiße Dünen, auf denen junge Buchen sich im Winde wiegten, hinter diesen Dünen tobte das Meer. Buchen und Dünen waren vom glühenden Sonnenuntergang beleuchtet. Wir auf der anderen Seite lagen tief im Schatten, die Luft war frisch und beinah kalt. Ich ließ August anhalten, stieg aus und kletterte über die verlassenen Geleise hinauf auf die Dünen. Oh, was für ein großartiger Anblick auf dieser Seite. Das großartige, tobende, brüllende Meer. Bei Lauterbach war es wie ein Teich, ein kristallener Weiher, ein Spiegel, an dem man liegen konnte und träumen. Hier jedoch wurde man aufgewühlt, hier war heftiges, brausendes Leben. Ich stand oben auf der Düne, hielt meinen Hut mit beiden Händen fest, ich wurde vom Salzwind gestoßen und geschüttelt, meine Kleider klatschten und schlugen wie eine Fahne im Sturm an einem schwingenden Mast. Ich wurde von einer Besessenheit gepackt, unpassend und verrückt in meinem Alter, zu rennen und einen Spaten zu holen und einen Eimer und damit zu graben und zu buddeln, bis es dunkel wurde, und dann ins Haus zu gehen – müde und glücklich, und Muscheln und Krabben zum Tee zu essen.

> **Glück, von deinen tausend Losen**
> **eines nur erwähl ich mir.**
> **Was soll Gold? Ich liebe Rosen**
> **und der Blumen schlichte Zier.**
>
> THEODOR FONTANE

CLAUDINE

Was ist ein Garten?

Irgendjemand hat vor zwei Jahrhunderten, in England natürlich, die Beschäftigung mit Blumen und Gärten als besonders günstig für die Tugend beschrieben: „Dieses unschuldige Vergnügen wird sowohl unser Verständnis vergrößern als auch unsere Moral verbessern", und im besonderen Hinblick auf untätige Frauen: „... ich bilde mir ein, dass die Frauen bald selbst überzeugt wären, dass die Stunden im Garten unschuldiger und mit größerer Befriedigung zugebracht würden als im alltäglichen Geschwätz am Teetisch, wo gewöhnlich Neid und Verleumdung präsidieren."

So moralisch wollen wir nicht sein, wir brauchen auch gar keine Entschuldigung für unsere Freuden im Garten. Obschon das bekannte Wort „Böse Menschen haben keine Lieder" sehr gut abzuwandeln wäre in „Böse Menschen haben keine Gärten". Bis

jetzt habe ich wenigstens keinen Gärtner getroffen, der böse Augen gehabt hätte. Wie sollte er? Steht er nicht Tag für Tag den Wundern der Natur gegenüber, muss er nicht geduldig, dankbar, ja demütig werden vor dem ewigen Wachsen und Entstehen?
Aber hin und wieder wird er sich auch vorkommen wie ein Gott oder, bescheidener, wie ein Zauberer: wenn durch seiner Hände Arbeit aus der nackten braunen Erde Blumen sprießen, so schön, als kämen sie auf direktem Weg aus dem Paradies. Ich wüsste rein gar nichts, das sich mit der Freude vergleichen ließe, wenn wir die erste aufgegangene Blüte einer ängstlich umsorgten Pflanze entdecken. Es ist das „Umsorgen" vor allem, und darin gleicht unser Gefühl vielleicht ein wenig der Liebe, die wir für unsere Haustiere fühlen, eine Mischung aus Zärtlichkeit und Sorge und Mühe.
Aus diesen Urgründen stammt auch der Garten-Geiz, der unser Herz bluten lässt, während wir einen Strauß schneiden, eine ganz unsinnige, aber jedem Gartenliebhaber bekannte Selbstzerfleischung. Die Garten-Gier gehört in dasselbe Kapitel, dieses Nie-genug-Haben, das immerwährende Dürsten nach mehr, nach noch Schönerem, noch Reicherem. Geiz und Gier, zwei an sich sehr unschöne Eigenschaften, sind, auf den Garten angewandt, harmlose Quäler unser selbst. Genau wie der stereotype Satz, den wir jedem Besucher, zu welcher Zeit auch immer

er unsern Garten besichtigt, entgegenschleudern: „Sie hätten ihn vor einer Woche sehen sollen!“ oder „Sie müssen in vier Wochen wiederkommen, dann wird alles in Blüte stehen …“

Ja, was ist ein Garten? Ein alter chinesischer Spruch sagt: „Willst du eine Woche lang glücklich sein, nimm dir ein Weib; willst du einen Monat lang glücklich sein, töte dein Schwein; aber wenn du dein ganzes Leben lang glücklich sein willst, pflanze einen Garten.“

Ob unser Garten klein ist oder groß, ob er von einem Gartenarchitekten angelegt ist oder nur ein paar Beete ums Haus herum umfasst – er ist für uns der Ort, an den wir uns flüchten können vor dem Getriebe der Welt, an dem wir Frieden finden – und Glück.

Die Natur hat tausend Freuden für den,
der sie sucht und mit warmem Herzen
in ihren Tempel eintritt.

RAHEL VARNHAGEN

JOHANN WOLFGANG VON GOETHE

Italienische Reise

Palermo, Sonnabend, den 7. April 1787

In dem öffentlichen Garten unmittelbar an der Reede brachte ich im Stillen die vergnügtesten Stunden zu. Es ist der wunderbarste Ort von der Welt. Regelmäßig angelegt, scheint er uns doch feenhaft; vor nicht langer Zeit gepflanzt, versetzt er ins Altertum. Grüne Beeteinfassungen umschließen fremde Gewächse, Zitronenspaliere wölben sich zum niedlichen Laubengang, hohe Wände des Oleanders, geschmückt von tausend roten nelkenhaften Blüten, locken das Auge. Ganz fremde, mir unbekannte Bäume, noch ohne Laub, wahrscheinlich aus wärmeren Gegenden, verbreiten seltsame Zweige. Eine hinter dem flachen Raum erhöhte Bank lässt einen so wundersam verschlungenen Wachstum übersehen und lenkt den Blick zuletzt auf große Bassins, in welchen Gold- und Silberfische sich gar lieblich bewegen, bald sich unter bemoosten Röhren verbergen, bald wieder scharenweise, durch einen Bissen Brot gelockt, sich versammeln. An den Pflanzen erscheint durchaus ein Grün, das wir nicht gewohnt sind, bald gelblicher, bald bläulicher als bei uns. Was aber dem Ganzen die wundersamste Anmut verlieh, war ein starker Duft, der sich über alles gleichförmig verbreitete, mit so merklicher Wirkung, dass die Gegenstände, auch nur einige Schritte hintereinander entfernt, sich entschiedener hellblau voneinander absetzten, sodass ihre eigentümliche Farbe zuletzt verloren ging, oder wenigstens sehr überbläut sie sich dem Auge darstellten.

Welche wundersame Ansicht ein solcher Duft entfernteren Gegenständen, Schiffen, Vorgebirgen erteilt, ist für ein malerisches Auge merkwürdig genug, indem die Distanzen genau zu unterscheiden, ja zu messen sind; deswegen auch ein Spaziergang auf die Höhe höchst reizend war. Man sah keine Natur mehr, sondern nur Bilder, wie sie der künstlichste Maler durch Lasieren auseinandergestuft hätte.

Aber der Eindruck jenes Wundergartens war mir zu tief geblieben; die schwärzlichen Wellen am nördlichen Horizont, ihr Anstreben an die Buchtkrümmungen, selbst der eigene Geruch des dünstenden Meeres, das alles rief mir die Insel der seligen Phäaken in die Sinne sowie ins Gedächtnis. Ich eilte sogleich, einen Homer zu kaufen, jenen Gesang mit großer Erbauung zu lesen und eine Übersetzung aus dem Stegreif Kniepen vorzutragen, der wohl verdiente, bei einem guten Glas Wein von seinen strengen heutigen Bemühungen behaglich auszuruhen.

> **Natur ist glücklich.**
>
> RAINER MARIA RILKE

HENRY DAVID THOREAU

Walden oder Leben in den Wäldern

Einsamkeit

Das ist ein herrlicher Abend! Der ganze Körper ist nur ein Sinn und saugt Entzücken mit jeder Pore ein. Ich wandle mit gar seltsamer Freiheit in der Natur umher; ich bin ein Teil von ihr. Wenn ich am steinigen Teichufer in Hemdsärmeln entlanggehe, obwohl es bewölkt und windig ist, und nichts, was meine Aufmerksamkeit besonders erregt, bemerke, dann fühle ich mich ungewöhnlich stark allen Elementen verwandt. Die Ochsenfrösche trompeten, um die Nacht anzukündigen, und der Sang des Tagschläfers wird vom Wellengekräusel über das Wasser getragen. Es besteht ein solcher Einklang zwischen mir und jedem zitternden Erlen- oder Pappelblatt, dass ich kaum zu atmen vermag. Und doch ist mein tiefer Friede, wie der des Sees, nur gekräuselt, nicht gestört. Diese kleinen Wellen, die der Abendwind erweckt, sind so weit vom Sturm entfernt wie die glatte, spiegelnde Oberfläche des Wassers. Jetzt ist es dunkel geworden, doch noch weht rauschend der Wind durch den Wald, noch plätschern die Wellen und ein Geschöpf singt das andere zur Ruh. Die Ruhe ist nie vollkommen. Die wilden Tiere rasten nicht, sondern suchen ihre Beute. Fuchs und Skunk und Kaninchen durchstreifen jetzt furchtlos Felder und Wälder. Sie sind die Nachtwächter der Natur – Bindeglieder, welche die Tage regen Lebens miteinander verbinden.

Nach Hause zurückgekehrt, bemerke ich, dass Besucher da gewesen sind und ihre Karten zurückgelassen haben: eine Handvoll Blumen, einen Kranz aus Immergrün oder einen Namen, der mit Bleistift auf ein gelbes Walnussblatt oder auf einen Span geschrieben wurde. Leute, die selten in den Wald kommen, nehmen gern ein Stückchen Wald in die Hände, um beim Wandern damit zu spielen; nachher werfen sie es irgendwo fort – absichtlich oder zufällig. Irgendjemand hat eine Weidenrute abgeschält, einen Ring daraus geformt und ihn auf meinen Tisch gelegt. Entweder an den umgebogenen Zweigen und Grashalmen oder an den Fußspuren konnte ich immer erkennen, ob Besucher während meiner Abwesenheit da gewesen waren. Ja, auch über ihr Geschlecht, ihr Alter und ihren Charakter wurde ich meistens aufgeklärt durch irgendeine unbedeutende zurückgelassene Spur: durch eine zur Erde gefallene Blume, durch ein Büschel Gras, das man ausgerissen und wieder fortgeworfen hatte, oder durch den noch in der Luft schwebenden Geruch einer Zigarre oder Pfeife. Eine halbe Meile weit, bis zur Eisenbahn, fand ich solche Spuren. Dass überhaupt ein Wanderer auf der ungefähr dreihundert Schritte entfernten Landstraße vorbeizog, erfuhr ich häufig nur durch den Duft seiner Pfeife.

Meistens ist genügend Raum um uns herum. Unser Horizont stößt niemals dicht an unsere Ellbogen. Das Waldesdickicht ist nicht unmittelbar vor unserer Tür, auch nicht der See, sondern ein kleines Stück Natur ist für jeden von uns freigelegt, uns vertraut und angepasst, auf irgendeine Weise von uns erobert und umzäunt, von der Natur für uns zurückgefordert. Wozu habe ich dieses weite, mehrere Quadratmeilen große Waldgebiet zu meinem Privatgebrauch von meinen Mitmenschen erhalten? Mein nächster Nachbar wohnt eine Meile weit entfernt; im Umkreis von einer halben Meile ist von meinem Wohnort aus kein anderes Haus zu sehen, nur dann vielleicht, wenn man auf einen Gipfel der Hügel steigt. Mein Horizont ist von Wäldern umrahmt und gehört mir ganz allein. Auf der einen Seite habe ich einen Fernblick auf die Bahn, dort, wo sie den Teich berührt, auf der anderen Seite auf den Zaun, der den Waldweg begrenzt. Im Übrigen ist es hier, wo ich lebe, so einsam wie auf den Prärien. Hier ist gerade so gut Asien oder Afrika wie Neuengland. Ich habe tat-

sächlich Sonne, Mond und Sterne – eine kleine Welt ganz für mich allein. Nachts kam nie ein Wandersmann an meinem Haus vorüber; nie klopfte einer an meine Tür. Ich hätte so gut der erste wie der letzte Mensch sein können. Nur im Frühjahr trafen nach langer Pause ein paar Menschen aus dem Dorf ein, um Bricken zu fischen; sie fischten augenscheinlich mehr in dem Waldteich ihres eigenen Herzens und steckten die Finsternis als Köder an ihre Angelhaken. Nach kurzem Verweilen zogen sie jedoch meistens mit fast leeren Körben ab und überließen „die Welt der Finsternis und mir". (…)
Meine Erfahrungen haben mich indessen gelehrt, dass der lieblichste und zärtlichste, der unschuldigste und erfrischendste Gesellschafter in irgendeinem natürlichen Gegenstand gefunden werden kann, selbst für den menschenfeindlichsten, melancholischsten Menschen. Wer inmitten der Natur lebt und seine Sinne noch beisammenhat, der kann einer wirklichen, düsterschwarzen Melancholie nicht anheimfallen. Mögen auch noch so oft gewaltige Stürme toben, einem unschuldigen und gesunden Ohr klingen sie stets wie Musik – Äolsharfenmusik. Nichts kann einen einfachen, unerschrockenen Mann zu gemeiner Traurigkeit zwingen. Während ich mich der Freundschaft der Jahreszeiten erfreue, hoffe ich zuversichtlich, dass nichts mir das Leben zur Last machen kann. Der leise Regen, der meine

Bohnen wässert und mich heute ans Haus fesselt, ist nicht langweilig oder melancholisch, sondern nutzbringend für mich. Zwar hält er mich davon ab, meine Bohnen zu hacken, doch bringt er ihnen mehr Vorteil als mein Hacken. Sollte so viel Regen fallen, dass die Saat im Boden fault und die Kartoffeln im niedrig gelegenen Ackerland verderben, so wäre er noch immer eine Wohltat für das Gras an Hügelhängen. Ist er aber für das Gras gut, so ist er auch gut für mich. Wenn ich bisweilen zwischen mir und anderen Menschen Vergleiche anstelle, so kommt es mir vor, als ob die Götter mich mehr begünstigt hätten als sie, weitaus über mein Verdienst – das weiß ich nur allzu gut. Mir ist, als hätte ich einen Erlaubnisschein, eine Garantie von ihrer Hand, die meine Mitmenschen nicht besitzen, sodass ich mich ganz besonderer Leitung und Fürsorge erfreue. Ich will mir selbst nicht schmeicheln, doch – wenn das überhaupt möglich ist – schmeicheln sie mir. Ich habe mich nur einmal einsam oder durch das Bewusstsein der Einsamkeit bedrückt gefühlt. Das geschah, als ich erst einige Wochen im Wald wohnte. Damals war ich eine Stunde lang im Zweifel, ob nicht die unmittelbare Nachbarschaft eines Menschen zu einem friedvoll heiteren und gesunden Leben erforderlich sei. Damals war mir meine Einsamkeit unangenehm. Ich war mir übrigens zu dieser Zeit einer leichten seelischen Gleichgewichtsstörung wohl bewusst und schien meine

Genesung vorauszusehen. Während leise der Regen niederfiel und solche Gedanken mich beherrschten, verspürte ich plötzlich, welch wohltuende und bezaubernde Gesellschafterin die Natur ist: am Fallen der Tropfen, an jedem Klang und Anblick um mein Haus herum. Eine unendliche, unerklärliche Freundschaft umfing mich plötzlich wie ein Dunstkreis. Die eingebildeten Vorteile menschlicher Nähe schwanden dahin und nie habe ich wieder an sie gedacht. Jede kleine Tannennadel dehnte sich aus, strömte über von Sympathie und wurde mir Freund. Selbst an Orten, die wir gewöhnlich als wild oder langweilig bezeichnen, fühlte ich deutlich, dass etwas mir Verwandtes in der Nähe sein müsse, dass das mir am meisten Blutsverwandte, das Menschlichste für mich nicht im Menschen, in einem Dorfbewohner zu suchen sei. Ja, ich glaubte, kein Ort könne mir je wieder fremd erscheinen. (…)
Einige meiner angenehmsten Stunden verlebte ich im Frühling oder im Herbst während der langen Regenstürme, die mich sowohl vormittags wie nachmittags ans Haus fesselten, während ein beständiges Rauschen und Plätschern mich sanft umschmeichelte. Die früh hereinbrechende Dämmerung leitete einen langen Abend ein, an welchem viele Gedanken Zeit hatten, Wurzel zu fassen und sich zu entfalten. Und wenn dann von Nordosten her die Regenstürme kamen und die Häuser im Dorf so arg bedrängten,

dass die Mägde mit Scheuerlappen und Eimer an der Haustür standen, um die Sintflut nicht hereinzulassen, da saß ich hinter meiner Tür in meinem kleinen Haus, das nichts wie Eingang war, und erfreute mich seines Schutzes in aller Ruhe. Während eines heftigen Gewitterschauers schlug einmal der Blitz in eine hohe Tanne und höhlte eine deutlich sichtbare und absolut regelmäßige spiralige Rinne aus, die (ungefähr einen Zoll tief und drei Zoll breit) vom Wipfel bis zur Wurzel sich erstreckte. Man dachte unwillkürlich an einen ausgekerbten Spazierstock. Erst kürzlich kam ich wieder an dem Baum vorbei; ich fühlte ein ehrfurchtsvolles Erschauern, als ich beim Hinaufblicken jenes Zeichen erblickte, das von dem fürchterlichen Donnerkeil kündete, der hier vor acht Jahren mit Allgewalt aus heiterem Himmel niederfuhr. Die Menschen sagten mir oft: „Sie fühlen sich gewiss recht einsam hier und möchten wohl gern, wenn es regnet oder schneit, und besonders in der Nacht näher bei ihren Freunden sein!" Solchen Leuten möchte ich am liebsten antworten: Diese ganze, von uns bewohnte Erde ist nur ein Punkt im Raum. Wie weit wohnen, Ihrer Ansicht nach, die beiden entferntesten Bewohner jenes Sternes auseinander, dessen Scheibendurchmesser mit unseren Instrumenten nicht einmal annähernd berechnet werden kann? Warum sollte ich mich einsam fühlen? Befindet sich unser Planet nicht in der Milchstraße? Die Frage, die Sie stellen, scheint mir nicht die wichtigste zu sein. Von welcher Art ist der Raum, der den Menschen von seinen Mitmenschen trennt und ihn einsam macht? Ich fand, dass keine Anstrengung der Füße zwei Seelen je einander um vieles näher brachte. In wessen Nähe möchte ich am liebsten wohnen? Sicherlich nicht in der Nähe vieler Menschen, des Bahnhofs, des Postamts, der Gastwirtschaft, des Versammlungshauses, der Schule oder des Gewürzkrämers, nicht in der Nähe von Beacon Hill oder von „Five Points", wo Menschen in Massen zusammenströmen! Nein, es zieht uns hin zum ewigen Quell, von dem, wie alle unsere Weisheit lehrt, unser Leben stammt. So sendete auch der Weidenbaum am Bachrand ins Wasser seine Wurzeln aus. Verschiedene Individualitäten werden verschieden wählen, doch gerade hier wird ein weiser Mann seine Hütte bauen … Ich überholte eines Abends auf der Waldstraße einen Bekannten aus dem Dorf, der, wie man so sagt, „sein Schäfchen ins Trockene" gebracht hatte – auf mich machte es allerdings nie einen sauberen Eindruck. Er trieb gerade ein paar Ochsen zum Markt und fragte mich, wie ich mich habe entschließen können, so vielen Annehmlichkeiten des Lebens zu entsagen. Ich gab zur Antwort, dass ich mich halbwegs wohl dabei befinde und durchaus nicht spaße. Ich ging dann heim ins Bett und er tappte seinen Weg durch Finsternis und Schmutz nach Brighton oder Brightown; dort wollte er bei Tagesanbruch eintreffen. (…)

Gelegentlich bekomme ich an langen Winterabenden, wenn dicht der Schnee fällt und der Wind in den Wäldern heult, Besuch von einem alten Ansiedler, von dem ursprünglichen Besitzer. Man erzählt, er habe den Waldteich ausgegraben, mit Steinen gepflastert und mit Tannenwaldungen umsäumt. Er erzählt mir Geschichten aus alter Zeit und neuer Ewigkeit. Uns beiden macht es keine Schwierigkeit, einen frohen Abend voll geselliger Heiterkeit und sonniger Lebensanschauung miteinander zu verbringen, obwohl es weder Äpfel noch Apfelwein gibt. Ja, er ist der klügste und lustigste Freund; ich liebe ihn von Herzen. Er lebt jedoch noch mehr im Verborgenen, wie Goffe oder Whalley. Man glaubt zwar, dass er gestorben ist, doch niemand sah sein Grab. Eine ältere Dame wohnt ebenfalls in meiner Nachbarschaft, unsichtbar für die meisten Menschen. In ihrem duftenden Kräutergarten wandere ich gern umher, sammle bisweilen Kräuter und lausche ihren Märchen; sie weiß dieselben meisterhaft zu erzählen und hat einen unerschöpflichen Vorrat. Ihr Gedächtnis reicht weiter zurück als Mythologie. Sie kennt das Urbild jeder Sage, weiß, auf welcher Tatsache sie beruht, denn die Ereignisse geschahen allesamt in ihrer Jugendzeit. Eine rotwangige, lustige, alte Dame, der jedes Wetter und jede Jahreszeit behagt und die wahrscheinlich alle ihre Kinder überleben wird.

Die unbeschreibliche Unschuld und Güte der Natur – Sonne, Wind und Regen, Sommer und Winter – gewähren immer so gute Gesundheit und solchen Frohsinn, sie haben so viel Mitgefühl mit dem Menschengeschlecht, dass die Allnatur trauern, der Sonne Glanz erbleichen, die Winde wie Menschen seufzen, die Wolken Tränen regnen, die Wälder ihre Blätter abwerfen und im Hochsommer Trauer anlegen würden, wenn je ein Mensch wahrhaft Ursache hätte, traurig zu sein. Soll ich nicht mit der Erde im Einvernehmen sein? Bin ich selbst nicht zum Teil Blätter und Pflanzenerde?
Was ist das für eine Arznei, die uns glücklich, heiter und gesund hält? Nicht die deines oder meines Urgroßvaters, sondern die unserer Urgroßmutter Natur. Ihr Universalheilmittel, durch welches sie sich selbst jung erhielt, durch dessen Kraft sie manchen Hundertjährigen überlebte, um aus seinem morschen Gebein neue Kraft zu sammeln, entströmt Feldern und Wäldern. Statt jener Quacksalbertasche mit Mixtur aus dem Acheron oder dem Toten Meer, die man aus den langen, schwer behangenen, schiffartigen Wagen nimmt, welche bisweilen zum Flaschentransport benutzt werden, soll mein Panaschee ein Trunk unverdünnter Morgenluft sein. Morgenluft! Wenn die Menschen davon nicht trinken wollen am Urquell des Tages, dann müssen wir auch sie auf Flaschen ziehen und in den Läden verkaufen zum

Besten derjenigen, die ihre Abonnementskarte „für Morgenluft auf dieser Welt" verloren haben. Doch darf man eines nicht vergessen: Diese Morgenluft hält sich selbst im kühlsten Keller nicht bis zum Mittag, sondern treibt den Pfropfen von der Flasche und eilt nach Westen, Auroras Spuren folgend.

Glückliche Erinnerungen

Kein Bild, kein Wort kann das Eigenste und Innerste des Herzens ansprechen wie die Musik. Ihre Innigkeit ist unvergleichlich, sie ist unersetzlich!

FRIEDRICH THEODOR VISCHER

MARIE LUISE KASCHNITZ

Orte

Für uns Kinder heißt Musik unter dem Flügel sitzen, die von Hämmerchen angeschlagenen Saiten dröhnen hören, die breiten Bogenstriche auf dem Cello, die Geigen, einzeln, zusammen, je lauter, desto besser für meinen Geschmack. Die klassischen Trios im Potsdamer Elternhaus, später in Berlin die Wagner-Partituren, die der junge Onkel einer Freundin auf dem Klavier darbot, wozu er auch alle Stimmen sang, die Soprane in gequetschtem Falsett und Wotans Baß. Leb wohl, du kühnes herrliches Kind, Mime, Siegfried und die Rheintöchter, und die Kinder lagen auf dem Teppich, zerwühlten ihre langen Haare, starben Isoldes Liebestod, ohne den Text zu verstehen. Dann das erste Symphoniekonzert in der Berliner Philharmonie, ich im schwarzen Samtkleid mit Spitzenkragen, die Hände auf den nackten Knien, stolz auf das Dabeiseindürfen, auf die heldenhaft bezwungene Langeweile, die Viertelstunden, in denen das Ohr nichts begreift, die Augen aber viel wahrzunehmen haben, die Pausbacken der Bläser, die geschwinden Trommelhände, die träumerischen Finger der Harfenistin, den Taktstock des Dirigenten, seine aufmunternde, besänftigende, drohende linke Hand. Auch hier wieder mein Glück bei allen lauten schnellen Passagen, den mitreißenden Tutti, die ich aufhalten möchte, von denen ich wünsche, daß sie nie zu Ende gingen. Zu Hause spiele ich Bach-Inventionen auf dem Übeklavier und Clementi opus I und bin traurig darüber, daß es nicht klingt, wie es klingen soll, wie ich es innerlich höre, statt dessen die trägen, schwachen Finger, das Poltern beim Übersetzen, die armseligen Triller, die Schwierigkeiten mit den aufgelösten Vorzeichen, der Wutanfall zum Schluß. Musik, später die perfekte von Platten, und für uns kauften wir die Brandenburgischen Konzerte und für das Kind die Mühle im Schwarzwald, das holte sich aber bald den aus den Souks von Tunis mitgebrachten monotonen arabischen Singsang, ließ ihn ablaufen immer wieder, lauschte mit entzücktem Gesicht.

Halte das Glück wie einen Vogel, so leise und lose wie möglich. Dünkt er sich selber nur frei, bleibt er dir gern in der Hand.

FRIEDRICH HEBBEL

HERMANN HESSE

Über das Glück

Ob es nun aber Erlebnisse von Tagen, von Stunden oder auch nur von Minuten gewesen sind, erlebt habe ich das Glück manche Male, und bin auch in späten Tagen, noch im Alter, ihm für Augenblicke nahe gekommen. Von jenen Glücksbegegnungen der Lebensfrühe aber, so oft ich sie beschworen, befragt und geprüft habe, hat eine besonders standgehalten. Es war in meiner Schulknabenzeit, und das Eigentliche daran, das Echte, Urhafte und Mythische darin, der Zustand des still lachenden Eins-Seins mit der Welt, der absoluten Freiheit von Zeit, von Hoffnung und Furcht, der völligen Gegenwärtigkeit kann nicht lange gewährt haben, vielleicht Minuten.

Eines Morgens erwachte ich, ein lebhafter Knabe von vielleicht zehn Jahren, mit einem ganz ungewöhnlich holden und tiefen Gefühl von Freude und Wohlsein, das mich wie eine innere Sonne durchstrahlte, so als sei jetzt eben, in diesem Augenblick des Erwachens aus einem guten Knabenschlaf, etwas Neues und Wunderbares geschehen, als sei meine ganze klein-große Knabenwelt in einen neuen und höhern Zustand, in ein neues Licht und Klima eingetreten, als habe das ganze schöne Leben erst jetzt, an diesem frühen Morgen, seinen vollen Wert und Sinn bekommen. Ich wußte nichts von gestern noch von morgen, ich war von einem glückhaften Heute umfangen und sanft umspült. Es tat wohl und wurde von Sinnen und Seele ohne Neugierde und ohne Rechenschaft gekostet, es durchrann mich und schmeckte herrlich.

Es war Morgen, durchs hohe Fenster sah ich über dem langen Dachrücken des Nachbarhauses den Himmel heiter in reinem Hellblau stehen, auch er schien voll Glück, als habe er Besonderes vor und habe dazu sein hübschestes Kleid angezogen. Mehr war von meinem Bette aus von der Welt nicht zu sehen, nur eben dieser schöne Himmel und das lange Stück Dach vom Nachbarhause, aber auch dies Dach, dies langweilige und öde Dach aus dunkel rotbraunen Ziegeln schien zu lachen, es ging über seine steile schattige Schrägwand ein leises Spiel von Farben, und die einzelne bläuliche Glaspfanne zwischen den roten tönernen schien lebendig und schien freudig bemüht, etwas von diesem so leise und stetig strahlenden Frühhimmel zu spiegeln. Der Himmel, die etwas rauhe Kante des Dachrückens, das uniformierte Heer der braunen und das luftig dünne Blau des einzigen Glasziegels schienen auf eine schöne und erfreuliche Weise miteinander einverstanden, sie hatten sichtlich nichts andres im Sinn, als in dieser besonderen Morgenstunde einander anzulachen und es gut miteinander zu meinen. Himmelblau, Ziegelbraun und Glasblau hatten einen Sinn, sie gehörten zusammen, sie spielten miteinander, es war ihnen wohl, und es war gut und tat wohl, sie zu sehen, ihrem Spiel beizuwohnen, sich vom selben Morgenglanz und Wohlgefühl durchflossen zu fühlen wie sie.

So lag ich, den beginnenden Morgen samt dem ruhigen Nachgefühl des Schlafes genießend, eine schöne Ewigkeit in meinem Bett, und ob ich ein gleiches oder ähnliches Glück noch andre Male in meinem Leben gekostet habe, tiefer und wirklicher konnte keines sein: die Welt war in Ordnung. Und ob dieses Glück hundert Sekunden oder zehn Minuten gedauert habe, es war so außerhalb der Zeit, daß es jedem andern echten Glücke so vollkommen glich wie ein flatternder Bläuling dem andern. Es war vergänglich, es wurde von der Zeit überspült, aber es war tief und ewig genug, um über mehr als sechzig Jahre hinweg mich noch heute zu sich zurückzurufen und zu ziehen, daß ich mit müden Augen und schmerzenden Fingern darum bemüht sein muß, es anzurufen und ihm zuzulächeln, es nachzubilden und zu beschrei-

ben. Es bestand aus nichts, dieses Glück, als aus dem Zusammenklang der paar Dinge um mich her mit meinem eigenen Sein, aus einem wunschlosen Wohlsein, das nach keiner Änderung, keiner Steigerung verlangte.
Es war noch Stille im Haus, und auch von außen her kein Laut. Wäre diese Stille nicht gewesen, so hätte vermutlich die Erinnerung an die alltäglichen Pflichten, an das Aufstehen und den Gang zur Schule mein Wohlsein gestört. Aber es war offenbar weder Tag noch Nacht, es war das süße Licht und das lachende Blau zwar vorhanden, aber kein Mägdetrab über die Sandsteinfliesen des Vorplatzes, keine knarrende Tür, kein Bäckerbubenschritt auf den Treppen. Dieser Morgen-Augenblick war außerhalb der Zeit, er rief zu nichts, er wies auf nichts Kommendes hin, er war sich selbst genug, und da er mich ganz mit in sich begriff, gab es auch für mich keinen Tag, keinen Gedanken an Aufstehen und Schule, an halb gemachte Aufgaben oder schlecht gelernte Vokabeln, an hastiges Frühstücken im frisch gelüfteten Eßzimmer drüben.
Die Ewigkeit des Glückes erfuhr diesmal ihren Zerfall durch eine Steigerung des Schönen, durch ein Mehr und Zuviel an Freude. Während ich so lag und mich nicht rührte, und die lichte stille Morgenwelt in mich eindrang und mich in sich aufnahm, stieß aus der Ferne her etwas Ungewohntes, etwas

Glänzendes und Überhelles golden und triumphierend durch die Stille, voll strotzender Freude, voll lockender und weckender Süßigkeit: der Klang einer Trompete. Und schon war, während ich, nun erst völlig wach, mich im Bett aufrichtete und die Decke zurückschlug, der Klang zweistimmig und mehrstimmig geworden: es war die Stadtmusik, die mit klingendem Spiel durch die Gassen marschierte, ein überaus seltenes und aufregendes Ereignis voll schmetternder Festlichkeit, daß mir das Kinderherz im Leibe zugleich lachte und schluchzte, als wäre alles Glück, aller Zauber der seligen Stunde in diese aufreizenden scharfsüßen Töne zusammengeflossen und ergösse sich nun, geweckt und ins Zeitliche und Vergängliche zurückgekehrt. In einer Sekunde war ich aus dem Bett, bebend vor Festfreude, stürzte zur Tür und ins Nebenzimmer, aus dessen Fenstern man die Straße sehen konnte. In einem Taumel von Entzücken, von Neugierde und Dabeiseinwollen legte ich mich in ein offenes Fenster, hörte beglückt die schwellenden und hochmütigen Klänge der näherkommenden Musik, sah und hörte die Nachbarhäuser und die Straßen erwachen, lebendig werden und sich mit Gesichtern, Gestalten und Stimmen anfüllen – und in derselben Sekunde wußte ich auch alles wieder, was ich in jenem Wohlsein zwischen Schlaf und Tag so ganz vergessen hatte. Ich wußte, daß in der Tat heute keine Schule sei, sondern ein hohen Festtag, ich glaube, es war des Königs Geburtstag, daß es Umzüge, Fahnen, Musik und unerhörte Belustigungen geben werde.

Das Bewusstsein eines erfüllten Lebens
und die Erinnerung an viele gute Stunden
sind das größte Glück auf Erden.

MARCUS TULLIUS CICERO

MARCEL PROUST

Auf der Suche nach der verlorenen Zeit

Schon viele Jahre lang war Combray mir nicht mehr gegenwärtig gewesen, außer als die Bühne und das Drama meines Zubettgehens, bis meine Mutter eines Wintertags, an dem ich frierend nach Hause kam, mir vorschlug, entgegen meiner Gewohnheit etwas Tee zu mir nehmen. Erst lehnte ich ab, besann mich dann aber, ich weiß nicht warum, eines Besseren. Sie ließ eines jener rundlichen kleinen Törtchen kommen, die man „Petites Madeleines" nennt und die aussehen, als seien sie in der gefächerten Schale einer Jakobsmuschel geformt worden. Und bald führte ich, mechanisch, deprimiert über den grauen Tag und die Aussicht auf ein tristes Morgen, einen Löffel Tee mit einem darin aufgeweichten kleinen Stück Madeleine an die Lippen. Und im selben Moment, als dieser mit Kuchenkrümeln vermischte Schluck Tee meinen Gaumen berührte, zuckte ich zusammen und nahm etwas Ungewöhnliches wahr, das sich in mir abspielte. Ein wunderbares Glücksgefühl hatte mich erfasst, einzigartig, ohne erkennbaren Grund. Es ließ augenblicklich die Unzuträglichkeiten des Lebens belanglos werden, seine Schicksalsschläge unbedrohlich, seine Kürze unwirklich, auf dieselbe Weise, wie die Liebe es macht, und es erfüllte mich mit einer unschätzbaren Erkenntnis, oder vielmehr, die Erkenntnis war nicht in mir, sie war ich selbst. Ich habe plötzlich aufgehört, mich mittelmäßig, begrenzt, sterblich zu fühlen. Wie hatte diese mächtige Freude in mir aufkommen können? Ich fühlte, dass sie mit dem Geschmack des Tees und des Kuchens zu tun hatte, dass sie diese aber bei Weitem übertraf und von ganz anderer Art sein musste. Woher kam sie? Was bedeutete sie? Wie konnte ich sie begreifen? Ich trinke einen zweiten Schluck, in dem ich nicht mehr finde als im ersten, dann einen dritten, der mir noch ein bisschen weniger bringt als der zweite. Es wird Zeit, dass ich aufhöre; die Wirkung des Getränks scheint nachzulassen. Es ist klar, dass die Wahrheit, die ich suche, nicht in ihm ist, sondern in mir. Es hat sie geweckt, kennt sie aber nicht und kann nur auf unbestimmte Zeit und mit immer weiter schwindender Kraft seine Botschaft wiederholen, die ich nicht zu deuten weiß und die ich jedenfalls von Neuem aus ihm herausfragen und unverändert zu meiner Verfügung haben möchte, später, für eine bleibende Erleuchtung. Ich stelle die Tasse ab und wende mich meinem Geist zu.

Er muss die Wahrheit finden. Aber wie? Große Ungewissheit, jedes Mal, wenn der Verstand sich von sich selbst überrollt fühlt; wenn er, der Sucher, zugleich das dunkle Land ist, in dem er suchen soll und wo all sein Rüstzeug nichts mehr taugt. Suchen? Nicht nur: erschaffen. Er steht vor einem Gegenüber, das es noch nicht gibt und das nur er Wirklichkeit werden lassen kann, um dann in sein Licht einzutreten. (…)
Und plötzlich ist die Erinnerung wieder da. Dieser Geschmack, das war der von dem kleinen Stück Madeleine, das mir an einem Sonntagmorgen in Combray (weil ich an diesem Tag nicht vor der Messestunde aus dem Haus gegangen war) meine Tante Leonie bei Gelegenheit meines Morgengrußes in ihrem Zimmer anbot, nachdem sie es in ihren Tee oder Lindenblütenaufguss eingetaucht hatte. Der Anblick dieser Madeleine hat mich an nichts erinnert, bevor ich davon kostete; vielleicht weil ich sie, ohne davon zu essen, oft in den Auslagen der Konditoreien gesehen hatte und weil sich dadurch ihr Bild von jenen Tagen in Combray losgelöst und mit anderen, späteren verbunden hatte; vielleicht auch, weil von den so lange aus dem Gedächtnis verlorenen Erinnerungen nichts mehr da war, alles hatte sich vollständig aufgelöst; die Formen – auch dieses kleinen muschelförmigen Gebäcks, so überaus sinnlich unter seiner strengen und ergebenen Fältelung – hatten sich verflüchtigt oder im Tiefschlaf jene Auftriebskraft verloren, die es

ihnen erlaubt hätte, wieder ins Bewusstsein zu treten. Doch wenn auch von einer lange zurückliegenden Vergangenheit nichts überdauert, nach dem Tod aller Lebewesen und dem Untergang aller Dinge, so bleiben doch noch lange, flüchtiger und zugleich hartnäckiger, ätherischer, nachhaltiger und beharrlicher, der Geruch und der Geschmack, wie Seelen, an die wir uns erinnern, auf die wir warten und hoffen, dass sie auf den Trümmern von allem Übrigen, ohne nachzugeben, auf dieses kaum fassbare Tröpfchen das riesige Gebäude unserer Erinnerung gründen.

Und sobald ich den Geschmack jenes Stückchens Madeleine wiedererkannt hatte, das meine Tante mir, in Lindenblütentee getaucht, reichte (wenngleich ich noch immer nicht begriff und auch erst viel später sollte ergründen können, weshalb diese Erinnerung mich so glücklich machte), tauchten im selben Augenblick das graue Haus und die Straße, zu der ihr Zimmer lag, wie ein Stück Theaterdekoration auf, dazu der kleine Pavillon auf der Gartenseite, der für meine Eltern nach hinten heraus angebaut worden war, und mit dem Haus die Stadt, der Platz, auf den man mich vor dem Mittagessen schickte, die Straßen, in denen ich von morgens bis abends und bei jedem Wetter Einkäufe machte, die Wege, die wir gingen, wenn es schön war. Und wie bei jenem Spiel, an dem die Japaner sich erfreuen, indem sie in eine mit Wasser gefüllte Porzellanschale kleine Papierstückchen werfen, die sich zunächst nicht voneinander unterscheiden, dann aber, kaum dass sie sich vollgesogen haben, aufgehen, Kontur gewinnen, sich färben und unterscheiden, zu Blumen, Häusern, zu handfesten und wiedererkennbaren Gestalten werden, ebenso stiegen jetzt alle Blumen unseres Gartens und die aus dem Park von Swann und die Seerosen der Vivonne und all die Leute aus dem Dorf und ihre kleinen Häuser und die Kirche und ganz Combray und seine Umgebung, all das, was Form und Beschaffenheit annimmt, Stadt und Gärten, aus meiner Tasse Tee.

Ein Blatt aus sommerlichen Tagen,
ich nahm es so im Wandern mit,
auf dass es einst mir möge sagen,
wie laut die Nachtigall geschlagen,
wie grün der Wald, den ich durchschritt.

THEODOR STORM

ASTRID LINDGREN

Das entschwundene Land

Unsere Vergnügungen waren spärlich. Aber im Sommer und Winter gab es ja die Familienfeiern, und es waren viele und fröhliche. Der Spaß bestand vor allem darin, dass man dann eine Unmenge Vettern und Kusinen traf, die sich alle aufs Spielen verstanden. Nicht zuletzt war auch die mit dem Festschmaus verbundene Hin- und Rückfahrt äußerst vergnüglich. Natürlich machte es Spaß, in dem von dem Pferdegespann Maj und Maud gezogenen Kremser zu fahren, behaglich dort oben zu thronen und sich in Ruhe alles angucken zu können. Meistens schien die Sonne, und es roch gut nach Pferden und sonnendurchwärmtem Leder und harzigen Kiefern. Wie still und friedlich alles war – falls man nicht das Pech hatte, einem „Attemobil" zu begegnen. Dann schlug das Entsetzen in den Kremser ein, Papa sprang ab und hielt die Pferde an den Zügeln, nein, in den Wald führte er sie nicht, wie es manche Bauern taten, er hielt sie nur, damit sie ruhig blieben und nicht scheuten. Und wir saßen zitternd da, bis das Ungeheuer vorübergerattert war. Hinterher war die Erleichterung groß, und da wurden wir auch ganz aufgekratzt, denn, man stelle sich vor, wir hatten ja ein „Attemobil" gesehen, und das war ein seltenes und bemerkenswertes Ereignis, etwas, das man auf Großmutters Festschmaus erzählen konnte.

Ein paar Stunden dauerte es, dorthin zu kommen, und langten wir an, stand Großmutter wie gewöhnlich auf der Vortreppe, um uns zu begrüßen. „All meine Kinder und all meine Kindeskinder", sagte sie und weinte vor Rührung. Und dann fügte sie geschwind hinzu, dass wir auf gar keinen Fall zum See hinunterdürften, denn das könne nur damit enden, dass wir ertränken. Und fast genauso geschwind waren wir unten am See, kamen aber dennoch stets nicht ertrunken zurück.

Auf so einem Festschmaus in Småland wurde viel gegessen. Alltags war die Kost einfach, aber gab es einen Schmaus, dann wurde auch geschmaust. Wir Kinder hatten alle Mühe, uns vor dem meisten, was da aufgetischt wurde, zu drücken, um Zeit für unsere Spiele zu ergattern. Kaffee mit Rosinenbrot und Kuchen gab es gleich nach der Ankunft gegen elf Uhr. Dann dauerte es nur ungefähr eine Stunde, und die zahllosen

Vorgerichte zum Mittagessen wurden aufgetragen. Mehr brauchte jedenfalls kein Kind, um proppensatt zu sein, danach machten wir uns davon und kehrten zu unseren Spielen zurück. Aber auf eins konnte man sich verlassen: Prompt kam ein Erwachsener angestürzt und ermahnte uns reinzukommen, denn „nu gibt's Braten". Dieses „Nu gibt's Braten" schwebte als ständige Drohung über uns, auch wenn es uns meistens gelang, uns davor zu drücken, bis die Süßspeise auf den Tisch kam. Ein Stückchen Käsekuchen mit Kompott und Schlagsahne ließ sich notfalls immer noch verdrücken. Aber wir hörten nie auf, über die Großen zu staunen, die, soweit wir das beobachteten, vom ersten bis zum letzten Augenblick nichts anderes taten als essen. Danach gab es wieder Kaffee und Kuchen, doch dann war es auch schon fast Abend geworden. Und wenn unsere Mutter und ihre Geschwister „Oh, wie se…" anstimmten, dann wussten wir, dass es Zeit für die Heimfahrt war. „Oh, wie selig, dort zu wandern", sangen sie mehrstimmig und so schön, und dann folgte noch „So geht ein Tag von unsrer Zeit". Auch an die Heimfahrten erinnere ich mich gut, müde saß man da und sah den schwarzen Wald und darüber den hellen Sommerhimmel. Aber noch besser erinnere ich mich der Heimfahrten von den Weihnachtsfeiern, wenn man eingemummt im Korbschlitten lag, das Schellengeläut in den Ohren und den funkelnden Sternenhimmel über sich.

Ja, bestimmt war es eine gute Sache, Kind im Pferdezeitalter zu sein. Bevor es auf den Straßen und Wegen von Autos wimmelte. Und als man kaum mal ein Flugzeug zu sehen bekam. „Kaum mal", habe ich gesagt, wohlgemerkt! Denn immerhin hatten wir einen Apparat dieser Sorte mit eigenen Augen erblickt. Nämlich den, der eines Tages im November 1912 hinter unserem Kuhstall heruntergetrudelt kam. Ein reichsbekannter Flugpionier war es, der da vom Himmel herunterkrachte.

Dahlbäck ist's, der fliegen kann,
nur purzelt er runter dann und wann,

und das, was man so spöttisch sang, stimmte genau. Dass er aber ausgerechnet hinter unserem Kuhstall runterpurzeln würde, das war mehr, als man als Kind zu hoffen gewagt hätte. Mein Bruder und ich kamen als Erste zum Unglücksplatz und hörten seine wilden Flüche und Verwünschungen, als er dort neben seinem Wrack hockte. Er war ja unterwegs nach Kopenhagen und Deutschland, dieser Dahlbäck, und es passte ihm ganz und gar nicht, dass er jetzt hinter unserem Kuhstall gelandet war.

Aber oh, wie glücklich waren wir, ihn bei uns zu haben, und mit welchen Wonneschauern hörten wir ihn fluchen!

Auch die Viehmärkte gehörten zu dem Pferdezeitalter und starben mit ihm aus. Am letzten Mittwoch eines jeden Monats war in Vimmerby Viehmarkt, und gleich beim Erwachen hörte man von den entfernten Koppeln und Weiden Viehgebrüll. Besonders der Herbstmarkt im Oktober und der Frühjahrsmarkt im Mai waren große Volksfeste. Da strömten die Bauern von ihren Höfen ringsum herbei, und alle Mägde und Knechte hatten frei und schlenderten im Gewimmel umher, und das taten wir Kinder auch. Da kamen herumreisende Schausteller mit ihren Tiermenagerien und Schießbuden und Karussells in die Stadt und mit ihnen die aufregenden Geheimnisse der unbekannten Welt draußen. Hatte man nie zuvor etwas anderes gesehen als Pferde, Kühe und Schweine, und es wurde einem plötzlich eine Riesenschlange gezeigt, die angeblich „siebzig Jahre alt und janze vier Meter lang" war, da fühlte man sich wahrlich auf des Lebens Wogenkamm. Die Straßen der Stadt waren nicht wiederzuerkennen, so viele Menschen drängten sich dort, die Bonbontanten auf dem Marktplatz machten gute Geschäfte, alle Stände und Läden waren gestopft voll, überall herrschte Leben und Treiben, alles war wunderbar und aufregend – nur zu gut verstand man die Magd, die beim häuslichen Katechismusverhör die Feiertage des Kirchenjahres aufzählen sollte und der nur einfiel: „Weihnachten und Ostern und der Vimmerbymarcht." Auch wenn wir Kinder es nicht fanden, so war das Wichtigste des „Vimmerbymarchts" doch das, was sich auf der Viehkoppel abspielte. Dort drängten sich Bauern und

Viehhändler und Rosstäuscher zusammen mit Ochsen, Kühen und Pferden, dort wurde getauscht und gehandelt und gefeilscht, und die Pferde ließ man zur Probe die Pfarrhofsallee entlang bis zu unserem Kuhstall, dem Wendepunkt, traben, dass der Staub nur so wirbelte. Die Rosstäuscher, die auf allen Viehmärkten zu finden waren, taten ihr Bestes, gutgläubige Bauern übers Ohr zu hauen, und hin und wieder gelang es ihnen auch. Wir hörten von so einem bedauernswerten Bauern, dem man eine alte, elende Schindmähre aufschwatzte, die man für diesen Tag mit Arsen aufgepulvert hatte, sodass sie auf dem Probelauf wie das rassigste Rennpferd dahingaloppierte. Auch nach dem Kauf lief die Stute flott den ganzen Weg vom Markt bis zum Hof. Doch als der Bauer am nächsten Morgen in den Stall kam, lag sie da und konnte sich nicht mehr rühren, und jetzt wurde ihm klar, dass man ihn betrogen hatte. Am Markttag des folgenden Monats lief ihm der Rosstäuscher zufällig über den Weg. Zwar versuchte er zu entwischen, aber als es nicht glückte, hielt er es wohl für das Klügste, ganz unbefangen zu fragen: „Na, was macht die Stute?“
„Danke, geht so“, antwortete der Bauer, „sie kann nu schon jeden Tag ’n Stündchen auf sein.“
Solche schlagfertigen Antworten wurden ungemein geschätzt und schnell zu geflügelten Worten; das ungehobelte Bauernvolk hatte einen gewissen Sinn für Humor.

Sind das nun nicht Leute, die man gern haben muss, fragt Albert Engström und denkt dabei an seine småländischen Landsleute. O ja, Albert, ganz gewiss! Zumindest alle, die ich in meiner Kindheit um mich hatte, fast ausnahmslos musste man sie gern haben, und wie viel sie für die eigene Lebenseinstellung bedeutet haben, das ist schon des Nachdenkens wert. Fragt mich aber jemand nach meinen Kindheitserinnerungen, dann gilt mein erster Gedanke trotz allem nicht den Menschen, sondern der *Natur.* Sie umschloss all meine Tage und erfüllte sie so intensiv, dass man es als Erwachsener gar nicht mehr fassen kann. Der Steinhaufen, wo die Walderdbeeren wuchsen, die Leberblümchenstellen, die Schlüsselblumenwiesen, die Blaubeerplätze, der Wald mit den rosa Erdglöckchen im Moos, das Gehölz rings um Näs, wo wir jeden Pfad und jeden Stein kannten, der Fluss mit den Seerosen, die Gräben, die Bäche und Bäume, an all das erinnere ich mich besser als an die Menschen. Steine und Bäume, sie standen uns nahe, fast wie lebende Wesen, und die Natur war es auch, die unsere Spiele und Träume hegte und nährte. In der Natur ringsum war auch all das angesiedelt, was unsere Fantasie zu erfinden vermochte. Alle Sagen und Märchen, alle Abenteuer, die wir uns ausgedacht oder gelesen oder gehört hatten, spielten sich nur dort ab, ja sogar unsere Lieder und Gebete hatten dort ihren angestammten Platz. So begann „Ein reines

Herz…" beispielsweise an der Holzschuppenecke und hörte am Graben hinter dem Waschhaus auf, das stand jedenfalls für mich fest. Als ich dies aber zufällig und als allgemein bekannte Tatsache meinem Bruder Gunnar gegenüber erwähnte, rief er bestürzt aus: „Ja, bist du denn ganz und gar verrückt? ‚Ein reines Herz' geht doch hinterm Kuhstall lang!"

Noch heute ist es mir unbegreiflich, dass er „Ein reines Herz" auf einem so trivialen Platz wie hinter der Jauchegrube ansiedeln konnte. Wie gut hatte es da doch *mein* „Ein reines Herz", das so fromm den kleinen Pfad zwischen Faulbaum und Haselstrauch dahinwandern durfte, den Bach entlang, wo im Frühling die Sumpfdotterblumen gelb leuchteten, am Feldrain vorüber mit all den Walderdbeeren und danach an der Quelle, der tiefen und geheimnisvollen, wo in der Sommerhitze die Milch gekühlt wurde, bis hin zu dem uralten Waschhaus, das dort so einsam im Grünen versteckt lag, um schließlich – amen! – am Graben aufzuhören, wo das Goldmilzkraut wuchs.

Einen lieblicheren Wanderweg kann kein Gebet je gehabt haben. Heute freilich muss sich „Ein reines Herz" ganz heimatlos und verloren vorkommen. Denn der kleine Pfad ist verschwunden, der Bach mit den Sumpfdotterblumen fort, ebenso die Quelle und der Graben mit dem Goldmilzkraut, das Waschhaus steht nicht mehr, nie wieder können Kinder dort am Samstagabend im Zuber gebadet werden und hinterher heiß und rein geschrubbt in Frühjahrskühle, Herbstregen oder Winterschnee den „Ein reines Herz“-Pfad nach Hause laufen. All das ist nicht mehr, nur in der Erinnerung einiger weniger lebt es noch.

In der Erinnerung – was schlummert da nicht alles an Duft und Geschmack, an Lauten und Bildern aus einer verschwundenen Kindheit. Ganz unversehens kann all das wieder erwachen und fast so sein wie einst … nein, jetzt habe ich geschwindelt, ganz und gar nicht wie einst! Aber noch habe ich nicht alles vergessen, noch kann ich sehen und den Duft spüren und mich der Seligkcit des Heckenrosenbusches auf der Rinderkoppel erinnern, der mir zum ersten Mal gezeigt hat, was Schönheit ist. Noch kann ich an Sommerabenden den Wiesenknarrer im Roggen hören und in den Frühlingsnächten das Rufen der Käuzchen auf dem Eulenbaum, noch spüre ich, wie es ist, aus Schnee und beißender Kälte in einen warmen Kuhstall zu kommen, ich weiß, wie sich eine Kälberzunge auf der Hand anfühlt, wie Kaninchen riechen, wie es im Wagenschuppen duftet und wie es sich anhört, wenn die Milch in den Eimer zischt, und noch kann ich die winzigen Krallen frisch ausgeschlüpfter Küken auf der Hand spüren. Der Erinnerung wert ist dies alles wohl nicht. Das Besondere daran ist die Intensität, mit der man es erlebte, als man noch jung war.

Unverhofftes Glück

> **Das weitaus schönste Glück ist das plötzliche!**
>
> SOPHOKLES

CHARLOTTE BRONTË

Jane Eyre

Am Abend eines Tages, dessen Charakteristik trüber Himmel, kalter Wind und ununterbrochener feiner, durchdringender Regen gewesen war, kam ich zu diesem Haus. Die letzte Meile hatte ich zu Fuß zurückgelegt, nachdem ich sowohl Postkutsche als auch Postillon mit dem Doppelten des versprochenen Preises entlassen hatte.

Selbst wenn man schon nahe vor dem Herrenhaus stand, konnte man es nicht sehen, so dicht standen die Bäume des düsteren Walds um es. Ein eisernes Tor zwischen zwei Granitpfeilern zeigte mir, wo ich eintreten musste, und als ich es durchschritten hatte, befand ich mich sofort wieder unter dem dicken Laubdach langer Baumreihen. Zwischen alten, bemoosten Baumstämmen und dichtem Unterholz zog sich ein grasbewachsener Pfad hin. Diesem folgte ich in der Erwartung, bald zu menschlichen Wohnungen zu kommen; aber er schlängelte sich weiter und weiter; nirgends eine Spur vom Haus oder vom Park.

Ich glaubte, dass ich die falsche Richtung eingeschlagen und den Weg verfehlt hatte. Die Dunkelheit des Abends und des Walds wurde immer undurchdringlicher. Ich blickte umher, um einen anderen Weg zu suchen. Es gab keinen. Nichts als verwachsenes Unterholz, kerzengerade Baumstämme, Sommerlaub – nirgends eine Lichtung.

Ich ging weiter. Endlich wurde der Pfad breiter, die Bäume standen weniger dicht; nun sah ich ein Gitter, dann ein Haus, welches in der zunehmenden Finsternis kaum von den Bäumen zu unterscheiden war, so feucht und moosbedeckt waren seine morschen Mauern. Als ich durch ein Tor trat, das nur durch eine Klinke geschlossen war, stand ich inmitten eines umfriedeten Raums, welcher sich im Halbkreis zwischen den Bäumen des Walds ausdehnte. Es waren weder Blumen noch Gartenbeete dort, nur ein breiter Kiesweg, der sich um einen Rasenplatz zog – und dies in dem ernsten, düsteren Waldesrahmen. Das Haus zeigte an seiner Nordseite zwei Giebel; die Fenster waren schmal und vergittert; auch die Haustür war eng, eine Steinstufe führte zu ihr hinauf. Das Ganze war, wie der Wirt zum „Wappen der Rochester" gesagt hatte, ein trostloser Ort. Es war hier still wie in einer Kirche am Wochentag; der Regen, welcher ununterbrochen auf das Waldlaub herabfiel, war der einzige Laut, der an mein Ohr drang.

„Können hier lebende Wesen sein?", fragte ich mich.

Ja, Leben irgendeiner Art war hier, denn ich vernahm

ein Geräusch. Die schmale Haustür wurde geöffnet, und eine Gestalt war im Begriff, aus dem Gebäude zu treten.

Die Tür öffnete sich langsam, eine Figur trat in die Dämmerung hinaus, ein Mann ohne Hut. Er streckte die Hand aus, wie um zu fühlen, ob es regne. Obwohl es dunkel war, hatte ich ihn erkannt – es war mein Gebieter, Edward Fairfax Rochester – kein anderer.

Ich blieb stehen, hielt den Atem an und verharrte so, um ihn zu beobachten – ihn zu beobachten, ohne selbst gesehen zu werden und ach – unsichtbar für ihn!

Es war eine sehr plötzliche Begegnung, und das Entzücken, welches sie mir verursachte, wurde tausendmal aufgewogen durch den Jammer, den ich bei seinem Anblick empfand. Es fiel mir nicht schwer, einen Aufschrei zurückzuhalten, ich fühlte mich nicht versucht, zu ihm zu eilen. Seine Gestalt hatte dieselben starken, kräftigen Umrisse wie früher; er hielt sich noch aufrecht, sein Haar war rabenschwarz, seine Züge waren nicht verändert; ein Jahr des Kummers und Leidens hatte nicht vermocht, seine athletische Stärke zu beugen, seine edle Manneskraft zu brechen. Aber in seinem Gesichtsausdruck bemerkte ich eine Veränderung. Dieser war düster und verzweifelt – er erinnerte mich an ein gefesseltes wildes Tier oder an einen Vogel, dem man sich in seinem dumpfen Schmerz nur sehr vorsichtig nähern kann. Der gefan-

gene Adler, dessen goldumränderte Augen die Grausamkeit geblendet haben, könnte blicken wie dieser blinde Samson.
Aber, mein Leser, glaubst du, dass ich ihn fürchtete in seiner blinden Wildheit? Wenn das der Fall ist, so kennst du mich wenig. In meinen Schmerz mischte sich die süße Hoffnung, dass ich bald versuchen würde, einen Kuss auf diese Marmorstirn zu drücken, auf diese krampfhaft zusammengepressten Lippen; bald, aber jetzt noch nicht. Noch wollte ich ihn nicht ansprechen.
Er stieg die Steinstufe hinunter und ging langsam und tastend auf den Grasplatz zu. Wo war sein kühner Schritt hin? Dann blieb er stehen, als ob er nicht wüsste, wohin er sich jetzt wenden solle. Er hob die Hand und öffnete die Augenlider, richtete, wie es schien mit großer Anstrengung, den Blick zum Himmel hinauf, sah dann auf das Amphitheater des Walds – aber für ihn war alles Leere und Dunkelheit. Er streckte die rechte Hand aus (den verstümmelten linken Arm hielt er in der Brusttasche verborgen) – es war, als wünsche er aus der Berührung zu erkennen, was in seiner nächsten Umgebung sei –, aber auch hier fand er nur leeren Raum, denn die Baumreihen fingen erst mehrere Ellen weiter weg an. Dann gab er seine Bemühungen auf, verschränkte die Arme und stand ruhig und stumm im Regen, der jetzt unablässig auf seinen unbedeckten Kopf fiel. In diesem Augen-

blick trat John, den ich zuvor nicht bemerkt hatte, an ihn heran.
„Sir, wollen Sie meinen Arm nehmen?“, fragte er. „Ein ziemlich heftiger Regenschauer zieht herauf. Es wäre besser, wenn Sie ins Haus gingen.“
„Lass mich!“, lautete die Antwort.
John zog sich zurück, ohne mich bemerkt zu haben. Jetzt versuchte Mr. Rochester zu gehen, aber umsonst. Er war zu unsicher. Er tastete sich zum Haus zurück, und als er eintrat, schloss er die Tür hinter sich.
Jetzt ging ich näher und klopfte an. Johns Frau öffnete mir die Tür.
„Mary“, sagte ich, „wie geht es Ihnen?“
Sie erschrak, als ob sie ein Gespenst gesehen hätte. Ich beruhigte sie. Auf ihren hastigen Ausruf „Sind Sie es wirklich, Miss, die zu so später Stunde an diesen einsamen Ort kommt?“ antwortete ich nur, indem ich ihre Hand erfasste. Dann folgte ich ihr in die Küche, wo John jetzt vor einem hell lodernden Feuer saß.
In wenigen Worten erklärte ich ihnen, dass ich bereits von allem wisse, was sich zugetragen habe, seitdem ich Thornfield verlassen hatte, und dass ich gekommen sei, um Mr. Rochester zu sehen. Ich bat John, zu dem Chausseegeldeinnehmer hinunterzugehen, dem ich meinen Koffer anvertraut hatte, nachdem ich die Chaise und den Postillon entlassen hatte, und mir mein Eigentum heraufzubringen. Dann legte ich Hut und Schal ab und fragte Mary, ob sie mir für diese

Nacht Unterkunft im Herrenhaus gewähren könne, und als ich sah, dass sich dieses Arrangement trotz einiger Schwierigkeiten treffen ließ, kündigte ich ihr an, dass ich bleiben würde. In diesem Augenblick ertönte die Glocke des Wohnzimmers.

„Wenn Sie hineingehen, Mary, so sagen Sie Ihrem Herrn, dass jemand da sei, der mit ihm zu sprechen wünscht. Nennen Sie ihm jedoch nicht meinen Namen."

„Ich glaube nicht, dass er Sie vorlassen wird", entgegnete sie. „Er weist alle Leute ab."

Als sie zurückkam, fragte ich, was er gesagt habe.

„Er lässt nach Ihrem Namen und Ihrem Anliegen fragen", entgegnete sie. Dann machte sie sich daran, ein Glas mit Wasser zu füllen und es mit zwei Kerzen auf ein Tablett zu stellen.

„Klingelte er, um das zu verlangen?", fragte ich.

„Ja, er lässt stets Kerzen bringen, wenn es dunkel wird, auch wenn er blind ist."

„Geben Sie mir das Tablett, ich will es hineintragen."

Ich nahm es ihr aus der Hand, sie zeigte mir die Tür des Wohnzimmers. Das Brett zitterte in meiner Hand, ich verschüttete das Wasser; das Herz pochte mir fast hörbar in der Brust. Mary öffnete die Tür für mich und schloss sie anschließend hinter mir.

Das Wohnzimmer sah düster aus; ein vernachlässigtes Feuer qualmte im Kamin, und darüber gebeugt, den Kopf auf den hohen altmodischen Kaminsims gestützt, stand der blinde Bewohner des Zimmers. Sein alter Hund Pilot lag an einer Seite; es schien, als hätte er sich selbst behutsam aus dem Weg geräumt aus Furcht, dass er getreten werden könne. Als ich eintrat, spitzte Pilot die Ohren; dann sprang er winselnd empor und stürzte auf mich zu. Fast hätte er mir das Tablett aus der Hand gestoßen.

Ich stellte es dann auf den Tisch, liebkoste ihn und sagte leise: „Kusch Pilot!“ Mechanisch drehte Mr. Rochester sich um, als wolle er sehen, woher die Bewegung käme. Da er aber nichts sehen konnte, wandte er den Kopf wieder ab und seufzte laut auf.

„Gib mir das Wasser, Mary“, sagte er.

Ich näherte mich ihm mit dem nur noch zur Hälfte gefüllten Glas. Pilot folgte mir noch immer mit dem Schwanz wedelnd. „Was gibt es denn?“, fragte er.

„Kusch Pilot!“, sagte ich noch einmal. Im Begriff, das Wasserglas an die Lippen zu führen, hielt er inne und schien zu lauschen. Dann trank er und setzte das Glas wieder ab.

„Du bist es doch, Mary?“

„Mary ist in der Küche“, entgegnete ich.

Mit einer hastigen Gebärde streckte er die Hand aus. Da er aber nicht sah, wo ich stand, berührte er mich nicht.

„Wer ist da? Wer ist da?“, fragte er ängstlich und versuchte scheinbar, mit den armen, blinden Augen zu sehen. Vergeblicher, trauriger Versuch! „Antworte

mir – sprich noch einmal!“, befahl er laut und herrisch.
„Wollen Sie noch ein wenig Wasser, Sir? Ich verschüttete die Hälfte von dem, was im Glas war“, sagte ich.
„Wer ist da? – Was ist es? Wer spricht?“
„Pilot kennt mich, und John und Mary wissen, dass ich hier bin. Ich bin erst heute Abend angekommen“, antwortete ich.
„Allmächtiger Gott! Welche Täuschung hat sich meiner bemächtigt? Welch süßer Wahnsinn hat mich erfasst?“
„Keine Täuschung – kein Wahnsinn, Sir! Ihr Geist ist zu stark, um Täuschungen zu verfallen; ihre Gesundheit zu kräftig für den Wahnsinn.“
„Und wo ist die Sprecherin? Ist es nur eine Stimme? Oh, ich kann nicht sehen, aber ich muss fühlen, oder mein Herz hört auf zu schlagen und mein Hirn zerspringt. Was – wer du auch sein magst – berühre mich, oder ich kann nicht leben!“
Er tastete umher. Ich fasste seine unsichere Hand und umschloss sie mit den meinen.
„Es sind ihre Finger!“, rief er aus. „Ihre kleinen, feinen Finger! Und wenn sie es sind, so muss doch noch mehr von ihr da sein.“
Die muskulöse Hand entzog sich meiner Umklammerung; er fasste meinen Arm an – meine Schulter – meinen Hals – meine Taille – er zog mich an sich und hielt mich umschlungen.

„Bist du es, Jane? Oder wer ist es? Dies ist ihre Gestalt – dies ihre Größe –"

„Und dies ist ihre Stimme", fügte ich hinzu. „Sie ist hier, ganz und gar hier, und ihr Herz auch. Gott segne Sie, Sir! Ich bin so glücklich, Ihnen noch einmal wieder nahe zu sein!"

„Jane Eyre! – Jane Eyre!" Das war alles, was er sagte.

„Mein teurer Herr", sagte ich, „ich bin Jane Eyre; ich habe Sie wiedergefunden – ich bin zu Ihnen zurückgekehrt!"

„Wirklich? Nicht nur dein Geist? Sondern auch dein Körper? Du bist meine lebende Jane?"

„Sie halten mich, Sir – Sie halten mich ja und fest obendrein. Ich bin nicht kalt wie eine Tote, nicht durchsichtig wie Luft, oder?"

„Mein Liebling ist am Leben! Das sind ihre Glieder. Dies ihr Gesicht! Aber so glücklich kann ich nicht werden nach all meinem Elend. Es muss ein Traum sein! Wie ich ihn so oft während der trostlosen Nächte hatte, wenn ich sie noch einmal an mein Herz drückte, wie ich es jetzt tue; und sie küsste – wie jetzt, und fühlte, dass sie mich liebte, und hoffte, dass sie mich nicht verlassen würde."

„Und das werde ich von heute an auch nicht mehr tun, Sir."

„Nicht mehr tun, sagt die Vision? Aber ich bin stets erwacht und musste feststellen, dass es eine bittere Täuschung gewesen ist; und ich war einsam und verlassen – mein Leben dunkel, trübe, hoffnungslos – meine Seele dürstete, und niemand reichte ihr einen erquickenden Trunk – mein Herz hungerte, und die Nahrung blieb ihm versagt. Du sanfter, süßer Traum, der du jetzt in meinem Arm ruhst, du wirst ebenso entfliehen, wie all deine Brüder vor dir entflohen sind. Aber küss mich, bevor du gehst! Küss mich, Jane, Geliebte!“

„Ja, Sir, einmal – und noch einmal!“

Ich presste meine Lippen auf seine einst so strahlenden und jetzt völlig glanzlosen Augen – ich strich ihm das Haar aus der Stirn und küsste auch diese. Plötzlich schien er sich aufzuraffen; er wurde sich der Wirklichkeit dessen, was geschah, bewusst.

„Bist du es, Jane? – Bist du es wirklich – wirklich? Bist du zu mir zurückgekehrt?“

„Das bin ich!“

„Und du liegst nicht tot in irgendeinem Graben oder einem Fluss? Du bist nicht traurig und einsam und ausgestoßen unter fremden Menschen?“

„Nein, Sir, ich bin jetzt völlig unabhängig.“

„Unabhängig? Was heißt das, Jane?“

„Mein Onkel auf Madeira ist gestorben und hinterließ mir fünftausend Pfund!“

„Ah! Dies ist praktisch! Jetzt sind wir in der Wirklichkeit!“, rief er aus. „Das hätte ich mir niemals träumen lassen! Ich höre wieder ihre eigenartige Stimme, so belebend, so reizend, so pikant und doch so sanft.

Es erfrischt mein krankes Herz, sie zu hören; sie flößt mir neues Leben ein. – Was, Jane! Du bist jetzt unabhängig? Am Ende sogar reich?"
„Beinahe reich, Sir. Wenn Sie mich nicht hier wohnen lassen wollen, so kann ich mir ein Haus ganz nahe bei Ihnen bauen, und dann können Sie zu mir kommen und bei mir im Wohnzimmer sitzen, wenn Sie sich abends nach Gesellschaft sehnen."
„Da du nun aber reich bist, Jane, wirst du ohne Zweifel Freunde haben, die sich um dich sorgen und nicht dulden werden, dass du dich ganz und gar einem armen, blinden Mann widmest."
„Ich sagte Ihnen ja, dass ich unabhängig bin, Sir, und reich obendrein; ich bin jetzt meine eigene Herrin."
„Und du willst bei mir bleiben?"
„Gewiss – wenn Sie nichts dagegen haben. Ich werde Ihre Nachbarin, Ihre Pflegerin, Ihre Haushälterin sein. Ich finde Sie hier einsam und traurig vor. Ich werde Ihre Gesellschafterin sein. Ich will Ihnen vorlesen, mit Ihnen spazieren gehen, bei Ihnen sein, Sie bedienen, Augen und Hand für Sie sein. Mein teurer Herr, jetzt dürfen Sie nicht mehr so traurig aussehen; solange ich lebe, werden Sie nicht mehr einsam sein."
(...)
„Ach, Jane! Ich sehne mich ja nach einer Frau."
„Wirklich, Sir?"
„Ja! Überrascht dich das?"
„Natürlich! Bis jetzt ließen Sie nichts davon verlauten."

„Ist es eine unwillkommene Nachricht für dich?"
„Das hängt von Umständen ab, Sir – oder eigentlich von Ihrer Wahl."
„Die sollst du für mich treffen, Jane. Von deinem Entschluss will ich alles abhängig machen."
„So wählen Sie die, welche Sie am meisten liebt, Sir."
„Wenigstens will ich diejenige wählen, welche ich am meisten liebe. Jane, willst du mich heiraten?"
„Ja, Sir."
„Einen armen, blinden Mann, den du an der Hand führen musst, Jane?"
„Ja, Sir."
„Einen Krüppel, der zwanzig Jahre älter ist als du, um den du dich kümmern und den du pflegen musst?"
„Ja, Sir."
„Wirklich, Jane?"
„Wirklich und wahrhaftig, Sir."
„Mein Liebling! Mein Liebling! Gott segne dich und belohne dich!"
„Mr. Rochester, wenn ich je in meinem Leben eine gute Tat vollbracht habe – wenn ich einen edlen Gedanken gedacht habe – wenn ich ein reines und aufrichtiges Gebet gebetet habe – wenn ich einen gerechten Wunsch gehegt habe – so werde ich jetzt belohnt. Ihre Gattin werden bedeutet für mich, so glücklich zu sein, wie ich es auf dieser Erde überhaupt werden kann."

Das Glück wohnt nicht im Besitz und nicht im Gold, das Glücksgefühl ist in der Seele zu Hause.

DEMOKRIT

BRÜDER GRIMM

Hans im Glück

Hans hatte sieben Jahre bei seinem Herrn gedient, da sprach er zu ihm: „Herr, meine Zeit ist um, nun wollte ich gerne wieder heim zu meiner Mutter, gebt mir meinen Lohn." Der Herr antwortete: „Du hast mir treu und ehrlich gedient. Wie der Dienst war, so soll der Lohn sein", und gab ihm ein Stück Gold, das so groß wie Hans' Kopf war. Hans zog sein Tüchlein aus der Tasche, wickelte den Klumpen hinein, setzte ihn auf die Schulter und machte sich auf den Weg nach Hause. Wie er so dahinging und immer ein Bein vor das andere setzte, sah er einen Reiter, der frisch und fröhlich auf einem munteren Pferd vorbeitrabte. „Ach", sprach Hans ganz laut, „was ist das Reiten ein schönes Ding! Da sitzt einer wie auf einem Stuhl, stößt an keinen Stein, spart die Schuhe und kommt fort, er weiß nicht wie." Der Reiter, der das gehört hatte, hielt an und rief: „Ei, Hans, warum läufst du auch zu Fuß?" „Ich muss ja wohl, da habe ich einen Klumpen heimzutragen, es ist zwar Gold, aber ich kann den Kopf dabei nicht gerade halten. Auch drückt mirs auf die Schulter." „Weißt du was", sagte der Reiter, „wir wollen tauschen, ich gebe dir mein Pferd, und du gibst mir deinen Klumpen." „Von Herzen gern", sprach Hans, „aber ich sage Euch, Ihr müsst euch damit abschleppen." Der Reiter stieg ab, nahm das Gold und half dem Hans hinauf, gab ihm die Zügel fest in die Hände und sprach: „Wenn's nun recht geschwind gehen soll, so musst du mit der Zunge schnalzen und ‚hopphopp' rufen."

Hans war selig, als er auf dem Pferd saß und so frank und frei dahinritt. Nach einer Weile dachte er, es sollte noch schneller gehen, und fing an, mit der Zunge zu schnalzen und „hopphopp" zu rufen. Das Pferd setzte sich in starken Trab, und ehe Hans sichs versah, war er abgeworfen und lag in einem Graben, der die Äcker von der Landstraße trennte. Das Pferd wäre auch durchgegangen, wenn es nicht ein Bauer aufgehalten hätte, der des Weges kam und eine Kuh vor sich her trieb. Hans suchte seine Glieder zusammen und machte sich wieder auf die Beine. Er war aber verdrießlich und sprach zu dem Bauer: „Es ist ein schlechter Spaß, das Reiten, zumal wenn man auf so eine Mähre gerät wie diese, die stößt und einen so abwirft, dass man sich den Hals brechen kann. Ich setze mich nun nimmermehr wieder auf. Da lob ich mir Eure Kuh, da kann einer mit Gemächlichkeit hinterhergehen und hat obendrein seine Milch, Butter und Käse jeden Tag gewiss. Was gäbe ich darum, wenn ich so eine Kuh hätte!" „Nun", sprach der Bauer, „geschieht Euch so ein großer Gefallen, so will ich wohl die Kuh gegen das Pferd tauschen." Hans willigte mit tausend Freuden ein, der Bauer schwang sich aufs Pferd und ritt eilig davon.

Hans trieb seine Kuh ruhig vor sich her und dachte über den glücklichen Handel nach. „Hab ich nur ein Stück Brot, und daran wird mir's doch nicht fehlen, so kann ich, so oft mir's beliebt, Butter und Käse dazu essen; hab ich Durst, so melk ich meine Kuh und trinke Milch. Herz, was verlangst du mehr?" Als er zu einem Wirtshaus kam, machte er halt, aß in der großen Freude alles, was er bei sich hatte, sein Mittag- und Abendbrot, auf und ließ sich für seine letzten paar Heller ein halbes Glas Bier einschenken. Dann trieb er seine Kuh weiter, immer dem Dorf seiner Mutter zu. Die Hitze war drückender, je näher der Mittag kam, und Hans befand sich in einer Heide, die wohl noch eine Stunde dauerte. Da wurde es ihm ganz heiß, sodass ihm vor Durst die Zunge am Gaumen klebte. „Dem Ding ist zu helfen", dachte Hans, „jetzt will ich meine Kuh melken und mich an der Milch laben." Er band sie an einen dürren Baum und stellte, da er keinen Eimer hatte, seine Ledermütze unter, aber so sehr er sich auch bemühte, es kam kein Tropfen Milch zum Vorschein. Und weil er sich ungeschickt dabei anstellte, so gab ihm das ungeduldige

Tier endlich mit einem der Hinterfüße einen solchen Schlag vor den Kopf, dass er zu Boden taumelte und sich eine Zeit lang gar nicht besinnen konnte, wo er war. Glücklicherweise kam gerade ein Metzger des Weges, der auf einem Schubkarren ein junges Schwein liegen hatte. „Was sind das für Streiche!", rief er und half dem guten Hans auf. Hans erzählte, was vorgefallen war. Der Metzger reichte ihm seine Flasche und sprach: „Da trinkt einmal und erholt euch. Die Kuh will wohl keine Milch geben, das ist ein altes Tier, das höchstens noch zum Ziehen taugt oder zum Schlachten." „Ei, ei", sprach Hans und strich sich über den Kopf, „wer hätte das gedacht! Es ist freilich gut, wenn man so ein Tier schlachten kann, was gibt's für Fleisch! Aber ich mache mir aus dem Kuhfleisch nicht viel, es ist mir nicht saftig genug. Ja, wer so ein junges Schwein hätte! Das schmeckt anders, dabei noch die Würste." „Hört, Hans", sprach der Metzger, „Euch zuliebe will ich tauschen und will Euch das Schwein für die Kuh lassen." „Gott lohn Euch Eure Freundschaft!", sprach Hans und übergab ihm die Kuh und ließ sich das Schweinchen vom Karren losmachen und den Strick, woran es gebunden war, in die Hand geben.

Hans zog weiter und dachte, wie ihm doch alles nach Wunsch ging: Begegnete ihm eine Verdrießlichkeit, so wurde sie doch gleich wieder gutgemacht. Es gesellte sich danach ein Bursche zu ihm, der trug eine schöne weiße Gans unter dem Arm. Sie sagten einander die Zeit, und Hans fing an, von seinem Glück zu erzählen und wie er immer so vorteilhaft getauscht hätte. Der Bursche sagte ihm, dass er die Gans zu einem Kindtaufschmaus brächte. „Hebt einmal“, fuhr er fort und packte sie bei den Flügeln, „wie schwer sie ist, die ist aber auch acht Wochen lang genudelt worden. Wer in den Braten beißt, muss sich das Fett von beiden Seiten abwischen.“ „Ja“, sprach Hans und wog sie mit der einen Hand, „die hat ihr Gewicht, aber mein Schwein ist auch keine Sau.“ Indessen sah sich der Bursche nach allen Seiten ganz besorgt um, schüttelte auch wohl mit dem Kopf. „Hört“, fing er darauf an, „mit Eurem Schwein mag's nicht so ganz richtig sein. In dem Dorf, durch das ich gekommen bin, ist eben dem Schulzen eins aus dem Stall gestohlen worden. Ich fürchte, Ihr habt's da in der Hand. Sie haben Leute ausgeschickt, und es wäre ein schlimmer Handel, wenn sie Euch mit dem Schwein erwischten. Das Geringste ist, dass Ihr ins finstere Loch gesteckt werdet.“ Der gute Hans bekam Angst; „ach Gott“, sprach er, „helft mir aus der Not, Ihr wisst hier besser Bescheid, nehmt mein Schwein da und lasst mir Eure Gans.“ „Ich muss schon etwas aufs Spiel setzen“, antwortete der Bursche, „aber ich will doch nicht schuld sein, dass Ihr ins Unglück geratet.“ Er nahm also das Seil in die Hand und trieb das Schwein schnell auf einem Seitenweg fort, der gute Hans aber ging, seiner Sorgen entledigt, mit der

Gans unter dem Arm der Heimat entgegen. „Wenn ich's recht überlege", sprach er mit sich selbst, „habe ich noch Vorteil bei dem Tausch: erstens den guten Braten, dann die Menge Fett, die herausträufeln wird, das gibt Gänsefettbrot für ein Vierteljahr, und schließlich die schönen weißen Federn, die lass ich mir in mein Kopfkissen stopfen und darauf will ich wohl ungewiegt einschlafen. Was wird meine Mutter eine Freude haben!"

Als er durch das letzte Dorf gekommen war, stand da ein Scherenschleifer mit seinem Karren. Sein Rad schnurrte und er sang dazu: „Ich schleife die Schere und drehe geschwind und hänge mein Mäntelchen nach dem Wind."

Hans blieb stehen und sah ihm zu; schließlich sprach er ihn an und sagte: „Euch gehts gut, weil Ihr so lustig bei Eurem Schleifen seid." „Ja", antwortete der Scherenschleifer, „das Handwerk hat einen güldenen Boden. Ein rechter Schleifer ist ein Mann, der, sooft er in die Tasche greift, auch Geld darin findet. Aber wo habt Ihr die schöne Gans gekauft?" „Die hab ich nicht gekauft, sondern für mein Schwein eingetauscht." „Und das Schwein?" „Das hab ich für eine Kuh gekriegt." „Und die Kuh?" „Die hab ich für ein Pferd bekommen." „Und das Pferd?" „Dafür hab ich einen Klumpen Gold, so groß wie mein Kopf, gegeben." „Und das Gold?" „Ei, das war mein Lohn für sieben Jahre Dienst." „Ihr habt Euch jederzeit zu helfen gewusst“, sprach der Schleifer, „könnt Ihr’s nun dahin bringen, dass Ihr das Geld in der Tasche springen hört, wenn Ihr aufsteht, so habt Ihr Euer Glück gemacht.“ „Wie soll ich das anfangen?“, sprach Hans. „Ihr müsst ein Schleifer werden, wie ich; dazu gehört eigentlich nichts als ein Wetzstein, das andere findet sich schon von selbst. Da hab ich einen, der ist zwar ein wenig schadhaft, dafür sollt Ihr mir aber auch nichts weiter als Eure Gans geben. Wollt Ihr das?“ „Wie könnt Ihr noch fragen“, antwortete Hans, „ich werde ja zum glücklichsten Menschen auf Erden. Habe ich Geld, sooft ich in die Tasche greife, was brauche ich mir da länger Sorgen zu machen?“, reichte ihm die Gans und nahm den Wetzstein in Empfang. „Nun“, sprach der Schleifer und hob einen gewöhnlichen schweren Feldstein, der neben ihm lag, auf, „da habt Ihr noch einen tüchtigen Stein dazu, auf dem es sich gut schlagen lässt und Ihr Eure alten Nägel gerade klopfen könnt. Nehmt und hebt ihn auf.“

Hans lud den Stein auf und ging mit vergnügtem Herzen weiter; seine Augen leuchteten vor Freude. „Ich muss in einer Glückshaut geboren sein“, rief er aus, „alles, was ich mir wünsche, trifft ein, wie bei einem Sonntagskind.“ Indessen, weil er seit Tagesanbruch auf den Beinen gewesen war, begann er müde zu werden. Auch plagte ihn der Hunger, da er allen Vorrat auf einmal in der Freude über die erhandelte

Kuh verzehrt hatte. Er konnte nur mit Mühe weitergehen und musste jeden Augenblick haltmachen; dabei drückten ihn die Steine ganz erbärmlich. Da konnte er sich des Gedankens nicht erwehren, wie gut es wäre, wenn er sie gerade jetzt nicht zu tragen brauchte. Wie eine Schnecke kam er zu einem Feldbrunnen geschlichen, wollte da ruhen und sich an einem frischen Trunk laben. Damit er aber die Steine beim Sitzen nicht beschädigte, legte er sie bedächtig neben sich auf den Rand des Brunnens. Darauf setzte er sich nieder und wollte sich zum Trinken bücken, da stieß er sie ein klein wenig an, und beide Steine plumpsten hinab. Hans, als er sie mit seinen Augen in die Tiefe hatte versinken sehen, sprang vor Freude auf, kniete dann nieder und dankte Gott mit Tränen in den Augen, dass er ihm auch diese Gnade noch erwiesen und ihm auf eine so gute Art und ohne dass er sich einen Vorwurf zu machen brauchte, von den schweren Steinen befreit hätte; diese wären ihm nur noch hinderlich gewesen. „So glücklich wie ich", rief er aus, „gibt es keinen Menschen unter der Sonne." Mit leichtem Herzen und frei von aller Last sprang er nun fort, bis er daheim bei seiner Mutter war.

Unverhofft wird dereinst die glückliche Stunde dir kommen.

HORAZ

OSCAR WILDE

Der Modellmillionär

Aufgezeichnet mit dem Ausdruck der Bewunderung

Wenn man nicht wohlhabend ist, hat es keinen Zweck, charmant zu sein. Romantische Dinge zu tun, ist das Vorrecht der Reichen, nicht die Aufgabe der Erwerbslosen. Der Arme sollte praktisch und prosaisch sein. Es ist besser, ein festes Einkommen zu haben, als faszinierend zu sein. Das sind die großen Wahrheiten des modernen Lebens, die Hughie Erskine niemals begreifen konnte. Armer Hughie! Zugegeben – ein Mann von Geist war er nicht gerade. Sein Leben lang gab er nichts Brillantes, ja nicht einmal etwas Boshaftes von sich. Dafür aber sah er blendend aus mit seinem braunen Kraushaar, seinem klaren Profil und seinen grauen Augen. Er war bei Männern ebenso beliebt wie bei Frauen und eignete sich zu allem außer zum Geldverdienen. Sein Vater hatte ihm einen Kavalleriesäbel und die fünfzehnbändige *Geschichte des Peninsular War* vermacht. Hughie hängte den Säbel über den Spiegel, stellte die Bücher ins Regal und lebte von den zweihundert Pfund, die eine alte Tante ihm jährlich bewilligte. Er hatte alles ausprobiert. Sechs Monate lang hatte er sein Glück an der Börse versucht, aber was sollte ein Schmetterling unter lauter Bullen und Bären? Etwas länger hatte er mit Tee gehandelt, aber dann waren ihm die Pekoe- und Souchongmischungen auf die Nerven gegangen. Danach hatte er es mit trockenem Sherry versucht, aber auch das war nicht das Richtige; der Sherry war nämlich etwas zu trocken. Am Ende war nichts aus ihm geworden, nichts als ein reizender, nutzloser junger Mann mit einem vollendeten Profil und ohne Beruf.

Zu allem Unglück war er auch noch verliebt. Das Mädchen hieß Laura Merton und war die Tochter eines pensionierten Obersten, der in Indien seine gute Laune und seine gute Verdauung eingebüßt und beides seither nicht wiedergefunden hatte. Laura betete Hughie an, und er war bereit, den Saum ihres Kleides zu küssen. Die beiden waren das hübscheste Paar in ganz London und hatten keinen roten Heller. Der Oberst mochte Hughie sehr gern, wollte aber nichts von Verlobung wissen.

„Sprechen Sie wieder bei mir vor, mein Junge, wenn Sie zehntausend Pfund besitzen; dann werden wir weitersehen“, pflegte er zu sagen. Hughie blickte dann immer sehr finster drein und musste sich von Laura trösten lassen.

Eines Morgens, als er gerade auf dem Weg zum Holland Park war, wo die Mertons wohnten, ging er auf einen Sprung zu Alan Trevor, einem seiner besten Freunde. Trevor war Maler. Tatsächlich entgehen heutzutage nur wenige diesem Schicksal, aber er war noch dazu ein echter Künstler, und echte Künstler sind ziemlich selten. Rein äußerlich war er ein merkwürdig grober Bursche mit sommersprossigem Gesicht und wildem rotem Bart. Nahm er jedoch den Pinsel in die Hand, dann erwies er sich als Meister seines Faches, und seine Bilder waren sehr begehrt. Zugegebenermaßen hatte er sich anfangs nur deshalb so stark zu Hughie hingezogen gefühlt, weil dieser so viel Charme besaß. „Ein Maler", pflegte er zu sagen, „sollte nur mit Menschen verkehren, die zugleich *bête* und schön sind, mit Menschen, die zu betrachten ein ästhetischer Genuss und mit denen zu reden eine Erholung für den Geist ist. Männer, die Dandys, und Frauen, die süße Geschöpfe sind, bestimmen den Lauf der Welt – oder sollten es wenigstens tun." Doch nachdem er Hughie näher kennengelernt hatte, fand er Gefallen an dessen fröhlichem, lebhaftem Temperament und großzügigem, unbekümmertem Wesen. Für ihn stand sein Atelier immer offen.

Als Hughie eintrat, legte Trevor gerade letzte Hand an das herrliche, lebensgroße Bildnis eines Bettlers. Dieser selbst stand auf einem Podest in der Ecke des Ateliers. Er war ein verhutzelter alter Mann, dessen

Gesicht verknittertem Pergament glich und einen mitleiderregenden Ausdruck zeigte. Über die Schultern hing ihm ein brauner Mantel aus grobem Stoff, der nur noch aus Fetzen bestand, seine plumpen Stiefel waren geflickt, mit der einen Hand stützte er sich auf einen derben Stock, in der andern hielt er, um Almosen bittend, seinen zerbeulten Hut.

„Ein erstaunliches Modell!“, flüsterte Hughie, als er seinem Freund die Hand drückte.

„Ein erstaunliches Modell?“, rief Trevor mit schallender Stimme. „Das will ich meinen! Bettler wie ihn trifft man nicht jeden Tag! Eine *trouvaille, mon cher,* ein lebender Velasquez! Herrgott, was für eine Radierung hätte Rembrandt daraus gemacht!“

„Der arme alte Kerl!“, sagte Hughie. „Wie erbärmlich er aussieht! Aber für euch Maler ist sein Gesicht sicher sein wertvollster Besitz, nicht wahr?“

„Du erwartest doch wohl nicht, dass ein Bettler glücklich aussieht?“

„Wie viel bekommt ein Modell für eine Sitzung?“, fragte Hughie, während er sich bequem auf dem Diwan niederließ.

„Einen Schilling pro Stunde.“

„Und wie viel bekommst du für dein Bild?“

„Für das hier? Zweitausend.“

„Pfund?“

„Guineen. Maler, Dichter und Ärzte bekommen immer Guineen.“

„Also wirklich, meiner Meinung nach sollten die Modelle Prozente erhalten!“, rief Hughie lachend. „Sie arbeiten ebenso schwer wie du.“
„Was für ein Unsinn! Denk doch nur, wie anstrengend es allein schon ist, die Farbe aufzutragen und den ganzen Tag vor der Staffelei zu stehen! Du hast leicht reden, Hughie, aber ich kann dir versichern, dass es Momente gibt, in denen die Kunst beinahe den Rang schwerer körperlicher Arbeit erreicht. Aber schwatz nicht so viel, ich bin sehr beschäftigt. Rauch eine Zigarette und halt den Mund!“
Nach einer Weile kam der Diener herein und meldete Trevor, der Rahmenmacher wünsche ihn zu sprechen.
„Lauf nicht weg, Hughie“, sagte Trevor im Hinausgehen, „ich bin gleich wieder da.“
Der alte Bettler benutzte die Abwesenheit des Malers, um sich ein wenig auf der hinter ihm stehenden Holzbank auszuruhen. Er sah so unglücklich und elend aus, dass Hughie Mitleid empfand und in seinen Taschen nach Geld suchte. Ein Sovereign und ein paar Kupfermünzen waren alles, was er fand. „Der arme Alte braucht's nötiger als ich“, dachte er. „Allerdings werde ich mir zwei Wochen lang keine Droschke mehr leisten können.“ Dann ging er hinüber zu dem Bettler und drückte ihm den Sovereign in die Hand.
Der alte Mann stutzte, und ein schwaches Lächeln spielte um seine welken Lippen. „Vielen Dank, Sir“, sagte er, „vielen Dank!“

Dann kam Trevor zurück, und Hughie, etwas verlegen über seine gute Tat, verabschiedete sich. Er verbrachte den Tag in Gesellschaft Lauras, bekam eine reizende Gardinenpredigt über seine Verschwendungssucht und musste zu Fuß nach Hause zurückkehren.

Gegen elf Uhr nachts schlenderte er in den Paletten-Klub, wo er Trevor allein im Rauchsalon sitzen und Rheinwein mit Selterswasser trinken sah.

„Na, Alan, ist das Bild fertig geworden?“, fragte er, während er sich eine Zigarette anzündete.

„Ja, alter Junge, es ist fertig und bereits gerahmt. Übrigens, du hast eine Eroberung gemacht! Mein altes Modell ist ganz begeistert von dir. Ich musste ihm alles über dich erzählen – wer du bist, wo du wohnst, wie hoch dein Einkommen ist, was für Zukunftsaussichten du hast …“

„Du liebe Güte, Alan“, rief Hughie, „dann wird er wahrscheinlich schon auf mich warten, wenn ich heimkomme! Aber du hast bestimmt nur einen Scherz gemacht. Der arme Teufel! Ich wollte, ich könnte etwas für ihn tun. Es ist doch furchtbar, dass so viel Elend überhaupt möglich ist! Ich habe daheim haufenweise alte Sachen – meinst du, er würde etwas davon tragen? Seine Lumpen sind ihm ja fast vom Leib gefallen.“

„Aber er sieht doch großartig darin aus“, sagte Trevor. „Um keinen Preis würde ich ihn im Gehrock malen. Was du Lumpen nennst, nenne ich Romantik. Was dir als Armut erscheint, ist für mich malerisch. Aber ich werde ihm auf jeden Fall von deinem Angebot erzählen."

„Alan", sagte Hughie ernst, „ihr Maler seid wirklich eine herzlose Bande."

„Das Herz eines Künstlers ist sein Kopf. Und außerdem ist es unsere Aufgabe, die Welt so darzustellen, wie wir sie sehen, und nicht, sie zu bessern aufgrund dessen, was wir von ihr wissen. *A chacun son métier.* Und wie geht's Laura? Mein altes Modell hat sich sehr für sie interessiert."

„Soll das heißen, dass du mit ihm über sie gesprochen hast?"

„Natürlich. Er weiß genau Bescheid über den unnachgiebigen Oberst, die reizende Laura und die zehntausend Pfund."

„Du hast diesem alten Bettler meine Privatangelegenheiten erzählt?", rief Hughie rot vor Zorn.

„Mein Bester", sagte Trevor lächelnd, „dieser alte Bettler, wie du ihn nennst, ist einer der reichsten Männer Europas. Er könnte morgen ganz London kaufen, ohne sein Konto zu überziehen. Er besitzt ein Haus in jeder Hauptstadt, isst von goldenen Tellern und kann, wenn er will, Russland daran hindern, einen Krieg zu führen."

„Was um alles in der Welt meinst du damit?"

„Genau das, was ich gesagt habe. Der alte Mann, den du heute in meinem Atelier getroffen hast, ist Baron

Hausberg. Er ist ein guter Freund von mir, kaufte alle meine Gemälde und anderes und hat mich vor vier Wochen beauftragt, ihn als Bettler zu malen. *Que voulez-vous? La fantaisie d'un millionaire!* Und ich muss sagen, er sah großartig aus in seinen Lumpen, oder besser, in meinen Lumpen. Das alte Zeug habe ich nämlich aus Spanien mitgebracht."

„Baron Hausberg!", rief Hughie. „Um Himmels willen, ich habe ihm einen Sovereign geschenkt!"

„Was? Einen Sovereign geschenkt?" Trevor brach in schallendes Gelächter aus. „Alter Junge, das Geld siehst du nie wieder. *Son affaire c'est l'argent des autres.*"

„Du hättest es mir sagen sollen, Alan, anstatt zuzulassen, dass ich mich derart lächerlich mache", sagte Hughie vorwurfsvoll.

„Also hör mal, Hughie, erstens hatte ich keine blasse Ahnung, dass du so unbekümmert Almosen verteilst. Ich könnte es verstehen, wenn du ein hübsches Modell küssen würdest, aber dass du einem hässlichen einen Sovereign schenkst – du liebe Güte, nein! Und zweitens war ich heute für niemanden zu sprechen, und als du plötzlich erschienst, wusste ich nicht, ob Hausberg beim Namen genannt sein wollte. Schließlich war er nicht korrekt gekleidet."

„Er muss mich für einen ausgemachten Trottel halten", sagte Hughie.

„Keineswegs. Er war in bester Laune, als du gegangen warst. Er kicherte ständig in sich hinein und rieb sich die runzligen Hände. Ich konnte mir nicht erklären, warum er unbedingt alles über dich erfahren wollte. Jetzt weiß ich's. Hughie, er wird deinen Sovereign für dich anlegen und dir alle sechs Monate Zinsen zahlen. Und außerdem hat er jetzt eine großartige Geschichte, die er nach dem Essen zum Besten geben kann."

„Ich bin wirklich vom Unglück verfolgt", knurrte Hughie. „Das Beste für mich ist, schlafen zu gehen. Und, mein teurer Alan, sprich mit niemandem darüber! Sonst wage ich mich nicht mehr auf die Straße."

„Unsinn! Das Ganze macht deiner philanthropischen Einstellung alle Ehre. Lauf jetzt nicht davon. Rauch noch eine Zigarette und erzähle mir von Laura, so viel du willst!"

Aber Hughie wollte nicht bleiben. Völlig niedergeschlagen machte er sich auf den Heimweg, während Alan von Lachkrämpfen geschüttelt wurde.

Als Hughie am nächsten Morgen beim Frühstück saß, brachte ihm sein Diener eine Visitenkarte mit folgender Aufschrift: „Monsieur Gustave Naudin, *de la part* de M. le Baron Hausberg". „Wahrscheinlich verlangt er eine Entschuldigung von mir", dachte Hughie und ließ den Besucher zu sich bitten.

Ein alter Herr mit goldgeränderter Brille und grauen Haaren trat ein und sagte mit leichtem französischem Akzent: „Habe ich die Ehre mit Monsieur Erskine?"

Hughie verneigte sich.

„Ich komme von Baron Hausberg. Der Baron …"

„Darf ich Sie bitten, Sir, ihm meine aufrichtigste Entschuldigung zu übermitteln“, stammelte Hughie.

„Der Baron hat mich beauftragt, Ihnen diesen Brief auszuhändigen“, sagte der alte Herr lächelnd und reichte Hughie ein versiegeltes Kuvert.

Es trug die Aufschrift „Ein Hochzeitsgeschenk für Hugh Erskine und Laura Merton von einem alten Bettler“ und enthielt einen Scheck über zehntausend Pfund.

Bei der Hochzeit war Alan Trevor Brautführer, und der Baron hielt eine Tischrede.

„Millionärmodelle“, bemerkte Alan, „sind selten genug, aber Modellmillionäre sind weiß Gott noch seltener!“

Glückhafte Begegnungen

Menschen zu finden, die mit uns fühlen und empfinden, ist wohl das schönste Glück auf Erden.

CARL SPITTELER

JOE LEDERER

In Shanghai

Einmal habe ich eine Zeit lang in China gelebt. Ich war im Frühling in Shanghai angekommen, und die Hitze war mörderisch. Die Kanäle stanken zum Himmel, und immer war der ranzige, üble Geruch von Sojabohnenöl in der Luft. Ich konnte und konnte mich nicht eingewöhnen. Neben Wolkenkratzern lagen Lehmhütten, vor denen nackte Kinder im Schmutz spielten. Nachts zirpten die Zikaden im Garten und ließen mich nicht schlafen. Im Herbst kam der Taifun, und der Regen stand wie eine gläserne Wand vor den Fenstern. Ich hatte Heimweh nach Europa. Da war niemand, mit dem ich wirklich befreundet war. Ich kam mir ganz verloren vor in diesem Meer von fremden gelben Gesichtern.
Und dann kam Weihnachten. Ich wohnte bei Europäern, die chinesische Diener hatten. Der oberste von ihnen war der Koch, Ta-tse-fu, der große Herr der Küche. Er radebrechte deutsch und war der Dolmetsch zwischen mir und dem Zimmer-Kuli, dem

Ofen-Kuli, dem Wäsche-Kuli und was es da eben sonst noch an Dienerschaft im Haus gab. Am Heiligen Abend, und ich saß wieder einmal verheult in meinem Zimmer, überreichte mir der Ta-tse-fu ein Geschenk. Es war eine chinesische Kupfermünze mit einem Loch in der Mitte, und durch das Loch waren viele bunte Wollfäden gezogen und dann zu einem Zopf zusammengeflochten. „Ein sehr altes Münze“, sagte der Koch feierlich. „Und die Wollfäden gehört auch dir. Wollfäden sind von mir und mein Frau und von Zimmer-Kuli und sein Schwester und von Eltern und Brüder von Ofen-Kuli – von uns allen sind die Wollfäden.“

Ich bedankte mich sehr. Es war ein merkwürdiges Geschenk – und noch viel merkwürdiger, als ich zuerst dachte. Denn als ich die Münze mit ihrem bunten Wollzopf einem Bekannten zeigte, der seit Jahrzehnten in China lebte, erklärte er mir, was es damit für eine Bewandtnis hatte: Jeder der Wollfäden war eine Stunde des Glücks. Der Koch war zu seinen Freunden gegangen und hatte sie gefragt: „Willst du von dem Glück, das dir für dein Leben vorausbestimmt ist, eine Stunde des Glücks abtreten?“ Und Ofen-Kuli und Zimmer-Kuli und Wäsche-Kuli und ihre Verwandten hatten für mich, für die fremde Europäerin, einen Wollfaden gegeben, als Zeichen, dass sie mir von ihrem eigenen Glück eine Stunde des Glücks schenkten. Es war ein großes Opfer, das sie brachten. Denn wenn sie auch bereit waren, auf eine Stunde ihres Glücks zu meinen Gunsten zu verzichten – es lag nicht in ihrer Macht, zu bestimmen, welche Stunde aus ihrem Leben es sein würde. Das Schicksal würde entscheiden, ob sie die Glücksstunde abtraten, in der ihnen ein reicher Verwandter sein Hab und Gut verschrieben hätte, oder ob es nur eine der vielen Stunden sein würde, in der sie glücklich beim Reiswein saßen; ob sie die Glücksstunde wegschenkten, in der das Auto, das sie sonst überfahren hätte, noch rechtzeitig bremste – oder die Stunde, in der das junge Mädchen vermählt worden wäre. Blindlings und doch mit weit offenen Augen machten sie mir, der Fremden, einen Teil ihres Lebens zum Geschenk.

Nun ja – die Chinesen sind abergläubisch. Aber ich habe nie wieder ein Weihnachtsgeschenk bekommen, das sich mit diesem hätte vergleichen lassen. Von diesem Tag an habe ich mich in China zu Hause gefühlt. Und die Münze mit dem bunten Wollzopf hat mich jahrelang begleitet. Ich habe sie nicht mehr. Eines Tages lernte ich jemanden kennen, der war noch übler dran als ich damals in Shanghai. Und da habe ich einen Wollfaden genommen, ihn zu den anderen Fäden dazugeknüpft – und habe die Münze weitergegeben.

**Man muss sein Glück teilen,
um es zu multiplizieren.**

MARIE VON EBNER-ESCHENBACH

Weisheitsgeschichte

Ein Rabbi kommt zu Gott: „Herr, ich möchte die Hölle sehen und auch den Himmel." – „Nimm Elia als Führer", spricht der Schöpfer, „er wird dir beides zeigen."
Der Prophet nimmt den Rabbi bei der Hand. Er führt ihn in einen großen Raum. Ringsum Menschen mit langen Löffeln. In der Mitte, auf einem Feuer kochend, ein Topf mit einem köstlichen Gericht. Alle schöpfen mit ihren langen Löffeln aus dem Topf. Aber die Menschen sehen mager aus, blass und elend. Kein Wunder: Ihre Löffel sind zu lang. Sie können sie nicht zum Mund führen. Das herrliche Essen ist nicht zu genießen.
Die beiden gehen hinaus. „Welch seltsamer Raum war das?", fragt der Rabbi den Propheten. „Die Hölle", lautet die Antwort.
Sie betreten einen zweiten Raum. Alles genau wie im ersten. Ringsum Menschen mit langen Löffeln. In der Mitte, auf einem Feuer kochend, ein Topf mit einem köstlichen Gericht. Alle schöpfen mit ihren langen Löffeln aus dem Topf. Aber – ein Unterschied

zum ersten Raum: Diese Menschen sehen gesund aus, gut genährt, glücklich.
„Wie kommt das?“ – Der Rabbi schaut genau hin. Da sieht er den Grund: Diese Menschen schieben sich die Löffel gegenseitig in den Mund, sie geben einander zu essen. Da weiß der Rabbi, wo er ist.

Glück ist ein Parfüm,
das du nicht auf andere sprühen kannst,
ohne selbst ein paar Tropfen abzubekommen.

RALPH WALDO EMERSON

FRANÇOIS LELORD

Hectors Reise oder die Suche nach dem Glück

Hector kehrt zurück an den Ursprung

„Sie haben gute Arbeit geleistet", sagte der alte Mönch. Er saß hinter seinem Schreibtisch und las Hectors Liste. Er hatte sich eine kleine Brille aufgesetzt und wirkte noch kleiner und älter, als ihn Hector in Erinnerung hatte, aber er sah noch genauso zufrieden aus wie damals.

Hector hatte seine Liste mit den neuesten Lektionen noch einmal sauber abgeschrieben, denn einem so bedeutenden und freundlichen alten Mönch kann man ja keinen Schmierzettel mit Klecksen drauf zeigen oder mit kleinen Kritzelbildchen, die überhaupt nichts bedeuteten.

Durchs Fenster sah man noch immer die schönen chinesischen Berge; manchmal lagen sie ganz finster im Schatten der Wolken, dann strahlten sie wieder im

Sonnenschein, und Hector sagte sich, daß es einem ein bißchen helfen mußte, weise zu werden, wenn man jeden Tag solche Berge sah.
Der alte Mönch las die Liste sehr aufmerksam durch, und das machte einen seltsamen Eindruck auf Hector. Denn der alte Mönch hatte selbstverständlich viel mehr erlebt als er. In all den Jahren, die er schon Mönch war, hatte er sich auch viel Zeit zum Nachdenken genommen. Und dennoch war er sehr aufmerksam, als er Hectors kleine Lehren über das Glück las. Hector fragte sich, ob er selbst zu so viel Aufmerksamkeit fähig war, wenn er die Briefe seiner Patienten las oder sogar die Briefe von Leuten, die er liebte.
Vielleicht war das schon eine andere Lektion: *Man soll anderen Menschen gegenüber sehr aufmerksam sein.*
Der alte Mönch hatte jetzt aufgehört zu lesen. Er bat Hector, ihm sein Notizbüchlein zu zeigen, denn er wollte auch die Entwürfe sehen. Hector zögerte und sagte: „Glauben Sie wirklich …“, aber der alte Mönch streckte noch immer die Hand aus und lachte dabei, und so reichte Hector ihm das Büchlein.
Der alte Mönch begann die Entwürfe zu studieren. Von Zeit zu Zeit lächelte er, aber wie wir schon sagten, tat er das nicht, um sich über Hector lustig zu machen, sondern eher, weil er wirklich zufrieden war. Hector sagte sich, daß der alte Mönch eine gute Sichtweise auf die Dinge haben mußte, eine von der Sorte, wie sie uns glücklich macht.

Schließlich unterbrach der Mönch seine Lektüre und fragte Hector, was für eine Lektion es war, die er ganz zugekritzelt hatte. Hector fühlte sich verlegen und hatte keine große Lust, das einem Mönch zu erzählen, aber der alte Mönch fragte weiter, und so sagte Hector:

Lektion Nr. 18: Glück wäre, wenn man mehrere Frauen gleichzeitig lieben könnte.

Der alte Mönch lachte laut auf: „Genau das habe ich auch gedacht, als ich jung war!"

Er las das Notizbüchlein zu Ende, schaute noch einmal auf die Liste und sagte: „Sie haben wirklich gute Arbeit geleistet. All Ihre Lektionen sind gut. Ich habe nichts hinzuzufügen."

Hector freute sich, aber gleichzeitig war er ein wenig enttäuscht. Er hatte erwartet, daß ihm der alte Mönch noch ein paar andere Lehren geben würde oder vielleicht eine schöne Theorie über das Glück.

Der alte Mönch schaute ihn an und lächelte immer noch, und dann sagte er: „Das Wetter ist sehr schön. Lassen Sie uns eine Runde gehen."

Die Landschaft war herrlich. Man sah das Gebirge, das Meer und den Himmel.

Hector fühlte sich ein bißchen verschüchtert, wie er so dastand, ganz allein mit diesem alten und sehr wichtigen Mönch, und er wußte nicht recht, was er sagen sollte. Aber gleichzeitig fühlte er, daß der alte Mönch von ihm nicht erwartete, daß er irgend etwas

Intelligentes oder Weises sagte, sondern daß er nur diesen Augenblick von großer Schönheit mit ihm teilen wollte.
Der alte Mönch sagte: „Wirklich weise sein, das würde bedeuten, auf diese Landschaft verzichten zu können und selbst auf dem Grunde eines Brunnens noch derselbe zu sein. Aber man muß zugeben, daß es schwieriger ist."
Und Hector begriff, daß der Mönch das erlebt haben mußte, den Grund eines Brunnens.
Sie beobachteten eine Weile, wie Wolken und Sonne und Wind mit den Bergen spielten. Hector fragte sich, ob dies nicht eine weitere Lektion war: *Nimm dir Zeit, die Schönheit der Welt zu betrachten.*
In diesem Augenblick kam ein junger Mönch über einen schmalen Pfad auf sie zu. Er sagte dem alten Mönch etwas auf Chinesisch und stieg dann wieder zu den Klostergärten hinab, in denen man noch andere Mönche bei der Arbeit sah (eine sehr spezielle Gartenarbeit, die ziemlich einfach aussieht, aber schwer zu erklären ist).
„Gut", sagte der alte Mönch, „ein Besucher wartet auf mich. Aber es hat mir Vergnügen bereitet, daß wir ein bißchen Zeit zusammen verbringen konnten."
Hector hatte schon die ganze Zeit Lust gehabt, ihm eine Frage zu stellen, und so brachte er sie jetzt vor: „Als wir uns das erste Mal sahen, haben Sie mir gesagt: Es ist ein Irrtum zu glauben, Glück wäre das

Ziel. Ich bin nicht sicher, ob ich das richtig begriffen habe."

„Ich meinte so ein Ziel, wie ihr es in eurer Kultur immer so schön abzustecken wißt; dadurch habt ihr ja übrigens so viele interessante Dinge vollbracht. Aber Glück gehört nicht in diese Kategorie. Wenn Sie es sich abstecken, werden Sie es mit großer Wahrscheinlichkeit verfehlen. Und wie wollen Sie jemals wissen, daß Sie es erreicht haben? Natürlich, man kann den Leuten, und besonders den unglücklichen, nicht böse dafür sein, daß sie glücklicher sein wollen und sich Ziele abstecken …"

„Möchten Sie damit sagen, daß die besten Lehren nicht für alle Menschen gleich gut sind?"

Der alte Mönch schaute Hector an und sagte: „Erzählen Sie denn jedem Patienten das gleiche?"

Hector überlegte ein wenig und antwortete dann, so sei es nicht, es hänge von ihrem Charakter ab und davon, ob sie jung oder alt waren und ob sie großes Unglück erlebt hatten oder nicht.

„Nun, sehen Sie", sagte der alte Mönch, „das ist ein und dieselbe Sache."

Hector überlegte noch ein wenig und sagte, daß er zwar nicht jedem dasselbe erzähle, aber daß er dennoch bestimmte Prinzipien habe, die er sehr oft anwende, besonders bei den Leuten, die zu traurig waren oder zu große Angst hatten: So half er ihnen etwa, einen Unterschied zu machen zwischen ihren

Vorstellungen über sich und die anderen und dem, was wirklich war, denn sie neigten dazu, das, was sie dachten, für die Wirklichkeit zu halten, obwohl das nicht immer stimmte.
„Sehen Sie", sagte der alte Mönch, „das ist schon wieder dieselbe Sache. Aber jetzt lassen Sie uns zurückgehen."
Er stieg wieder zum Kloster hinab, und Hector folgte ihm und fragte sich, was er damit hatte ausdrücken wollen.
Als sie am Klostertor angelangt waren, bat ihn der alte Mönch, sich noch einen Moment zu gedulden, denn er wolle ihm noch etwas geben. Es wartete dort ein chinesischer Herr, und Hector begriff, daß es der Besucher war, von dem der junge Mönch gerade gesprochen hatte. Aber dieser Herr war nicht wie ein Mönch gekleidet, sondern wie ein Chinese aus der Stadt; er trug eine Krawatte und einen Anzug.
Hector hatte sich durch seine Reise daran gewöhnt, mit Leuten zu sprechen, die er nicht kannte. Er machte sich also mit dem chinesischen Herrn bekannt, der besser Englisch sprach als Hector. Sie stellten fest, daß sie beide Doktoren waren und daß der chinesische Herr in einer der Fachrichtungen arbeitete, von denen wir vorhin gesprochen haben und deren Namen wir Ihnen nicht nennen wollten, um Sie nicht zu beunruhigen.
Der alte Mönch kam zurück, und in den Händen hielt er zwei sehr schöne chinesische Schalen in Blau

und Weiß und mit hübschen Bildern drauf. Und er sagte zu Hector: „Das ist ein Gedeck für Eheleute. Sie können es verschenken ... oder behalten."

Und dazu lachte er sein kleines Lachen, und dann verabschiedete er sich von Hector.

Auf der Schwelle drehte sich Hector noch einmal um und sah, wie der alte Mönch und der chinesische Doktor ihm hinterherblickten, und der alte Mönch lächelte ihm ein letztes Mal zu und hob die Hand zum Gruß, und es erinnerte Hector an Djamila.

Draußen war es noch immer herrlich, aber Hector fühlte sich traurig.

Er blieb stehen, um die chinesischen Schalen in seinem Rucksack zu verstauen. Er wollte nicht riskieren, daß er sie womöglich zerbrach. Zwischen den beiden Schalen steckte ein kleiner Zettel, und auf ihm stand geschrieben: 20–13–10.

Hector zog schnell sein Notizbuch hervor und las:

Lektion Nr. 20: Glück ist eine Sichtweise auf die Dinge.

Lektion Nr. 13: Glück ist, wenn man spürt, daß man den anderen nützlich ist.

Lektion Nr. 10: Glück ist, eine Beschäftigung zu haben, die man liebt.

Hector sagte sich, daß dies ziemlich gute Lehren waren. Für ihn jedenfalls.

TEXTNACHWEIS

Elizabeth **von Arnim,** Elizabeth auf Rügen (Auszug). Aus dem Englischen von Anna Marie von Welck. © der deutschen Übersetzung Ullstein Buchverlage GmbH, Berlin 1996

Hermann **Hesse,** Über das Glück. Betrachtungen und Gedichte (Auszug). Zusammengestellt von Volker Michels. © Suhrkamp Verlag Frankfurt am Main 2005. Alle Rechte bei und vorbehalten durch Suhrkamp Verlag Berlin

Marie Luise **Kaschnitz,** Orte. Aufzeichnungen (Auszug). © Insel Verlag Frankfurt am Main und Leipzig 1975. Alle Rechte bei und vorbehalten durch Insel Verlag Berlin

Joe **Lederer,** In Shanghai. In: Joe Lederer, Von der Freundlichkeit der Menschen. © Desch Verlag, München, Wien, Basel 1964; © F. A. Herbig Verlagsbuchhandlung GmbH, München 1978

François **Lelord,** Hectors Reise oder die Suche nach dem Glück (Auszug). © Piper Verlag GmbH, München 2012

Astrid **Lindgren,** Das entschwundene Land (Auszug). © Verlag Friedrich Oetinger, Hamburg 2012. ISBN 978-3-8415-0168-4

Marcel **Proust,** Auf der Suche nach der verlorenen Zeit. Aus dem Französischen von Kristina Schaefer

Oscar **Wilde,** Der Modellmillionär. In: Oscar Wilde, Werke in zwei Bänden. Herausgegeben von Rainer Gruenter. © Carl Hanser Verlag München 1970